약한 자들을 위한
희망의 증거

약한 자들을 위한 희망의 증거

초판 1쇄 발행 2022년 7월 20일

지은이 이드보라
펴낸곳 드림위드에스
출판등록 제2021-000017호

교정 김성은
편집 이재준
검수 김성은
마케팅 드림위드에스

주소 서울특별시 강남구 학동로 165, 2층
이메일 dreamwlthessmarketing@gmail.com
홈페이지 www.bookpublishingwithess.com

ISBN 979-11-92338-19-4(03230)
값 13,000원

- 이 책의 판권은 지은이와 드림위드에스에 있습니다.
- 이 책 내용의 전부 또는 일부를 재사용하려면 반드시 양측의 서면 동의를 받아야 합니다.
- 잘못된 책은 구입하신 곳에서 바꾸어 드립니다.

약한 자들을 위한
희망의 증거

In life of despair Life of hope

이드보라 지음

"예수께서 대답하여 가라사대 기록되었으되 사람이 떡으로만 살 것이 아니요
하나님의 입으로 나오는 모든 말씀으로 살 것이라 하였느니라 하시니"

· 마태복음 4장 4절 ·

드림워드에스

* 약력

순복음 샬롬교회 담임목사 이제순 (필명 : 이드보라)
기독교 대한 하나님의 성회 안산 시흥 지방회 증경회장

목차

약력	5
추천사 1	10
추천사 2	12
추천사 3	15
프롤로그 - 꿈이 있기에	17

PART 1

희망의 연대기

1. 나와 같은 사람도	22
2. 하나님의 자녀는 절대 가난하지 않다	28
3. 사람에게 구하지 말라	33
4. 전한 복음은 가짜가 되지 않는다	37
5. 애통하고 기도하라	42
6. 믿어져서 환장해 봤나	48

PART 2
그 사랑에 매료되어

1. 결혼과 고난	54
2. 하나님, 아시지요?	59
3. 고난, 핍박으로 이룬 남편의 영접	64
4. 나의 종이 되겠니?	67
5. 아들을 주심	72
6. 살아 계심을 증거	78
7. 소외된 이웃을 향하여	82

PART 3

부스러기로 누리는 삶

1. 여선지자 드보라처럼 3기 사역을 향하여 · 90
2. 포장지만 영광이면 열매가 없다 · 97
3. 성도들의 행복만을 기도, 헌금함을 없애고 · 101
4. 거룩한 바보 · 105
5. 하나님 하시면 40억도 쉽다 · 109
6. 성도들과 목양적인 관계의 은사 · 115
7. 하나님의 후대하심 · 120
8. 하나님 백성이란 금수저, 희망의 백서 · 126

에필로그 - 하나님의 영광을 위하여 · 132

추천사 1
이제순 목사 간증 수필집

『약한 자들을 위한 희망의 증거』

성경에 등장하는 믿음의 여인들 가운데 한나는 단연코 으뜸이다. 한나는 신앙생활과 생활신앙의 균형을 유지했다. 기도의 능력을 믿은 여인이며 기도하는 여인이었다. 한나는 기도를 통해 하나님의 응답을 소유할 수 있었다. 하나님께서 사무엘을 주셨을 때 그녀는 사무엘을 하나님께 드리면서 감사와 찬양으로 화답한다. 한나는 오직 하나님의 나라와 의를 구했다. 영적 가치관으로 육신이 아니라 영을, 땅이 아니라 하늘을, 세상이 아니라 하나님 나라를 목적했다.

오늘날 한나와 같은 여종으로 나는 주저 없이 이제순 목사님을 추천한다. 왜냐하면 그는 기도의 여종이며 하나님의 목적에 이끌리는 사역을 감당하고 있기 때문이다. 교회의 개척과 목회의 열매를 시종일관 기도로 일구어 낸 여종이다. 연약한 육신과 제한적인 환경이 번번이 그의 사역을 방해하였지만 기도로 돌파한 승전보는 헤아릴 수 없이 많다. 하나님 나라의 확장에 남편과 자녀 그리고 온 가족이 합력 성선을 이루는 것도 꼭 한나를 빼닮았기 때문이다.

작금 한국 교회는 영적으로 눈빛 흐린 시간을 보내고 있다. 외치는 자는 많지만 생명수는 말라 가고 있다. 고상하고 세련된 언어의 소리로는 결코 해결할 수 없는 영적인 고갈의 상태에 직면하고 있다. 이때 이제순 목사님의 삶과 사역에 역사하신 하나님을 오롯이 담은 『약한 자를 향한 희망의 증거』의 출판은 독자들에게 하나님의 역사를 사모하게 하며 순전한 신앙의 회복을 목적게 할 것이다. 첫 장부터 마지막까지 성령의 벅찬 감동 속에 단숨에 읽어 나가게 된다.

지난 세월 이 사회의 가난의 역사와 불모지 환경에서 신음하던 민초들에게 희망의 불을 밝힌 것은 순전한 복음이었다. 기도의 불이 밝혀지고 기름을 붓는 성령의 역사가 사람을 살리고 사회를 건강하게 하였다. 다른 비결은 없었다. 오직 기도와 하나님의 은혜가 있었을 뿐이었다. 이제순 목사님의 신앙 수필집 『약한 자를 향한 희망의 증거』는 그것을 상기시켜 준다. 이에 나는 기쁨으로 이제순 목사님의 노고를 축복하여 독자들에게 이 책을 적극 추천하는 바이다.

여의도 순복음교회 당회장
기독교 대한 하나님의성회 총회장
이영훈 목사

추천사 2
이제순 목사 간증 수필집

『약한 자들을 위한 희망의 증거』

거울입니다.

성경의 역사를 거울(본보기)이라고, 고린도전서 10:6에서 가르쳐 주고 있습니다. 역사는 사람들의 흔적입니다. 그리고 그 흔적에 하나님의 간섭하심이 묻어 있습니다.

제가 사랑하고 존경하는 선교사님으로부터 이제순 목사님의 간증 수필집 추천의 글을 부탁받고 흔쾌히 수락하였습니다. 그 이유는 선교사님의 인격과 사역을 신뢰하고 또 함께 동역하고 있기 때문입니다.

보내 주신 원고를 읽어 내려가면서 복음을 받은 한 사람의 변화가 가정과 가문과 교회와 지역 사회에 얼마나 큰 영향력을 끼치는가를 확인하게 되었습니다.

복음에 미친 사람, 기도의 용사, 성령에 이끌리어 사는 사람에게는 고난이 복으로, 환란이 평안으로 전환되는 위대한 열매가 맺혀짐을 이 책에서 확인할 수 있었습니다.

이제순 목사님의 신앙 인생 여정을 기록한 간증 수필집은 이 땅을 살아가는 모든 사람에게 본보기(거울)가 되기에 충분하였습니다.

마치 고린도후서 4:7-11에 쓰여 있는 대로
"우리가 이 보배를 질그릇에 가졌으니 이는 심히 큰 능력은 하나님께 있고 우리에게 있지 아니함을 알게 하려 함이라 우리가 사방으로 우겨쌈을 당하여도 싸이지 아니하며 답답한 일을 당하여도 낙심하지 아니하며 박해를 받아도 버린 바 되지 아니하며 거꾸러뜨림을 당하여도 망하지 아니하고 우리가 항상 예수의 죽음을 몸에 짊어짐은 예수의 생명이 또한 우리 몸에 나타나게 하려 함이라 우리 살아 있는 자가 항상 예수를 위하여 죽음에 넘겨짐은 예수의 생명이 또한 우리 죽을 육체에 나타나게 하려 함이라"

이 말씀의 현장이 이제순 목사님의 삶의 현장에서
매우 구체적으로 드러나는 멋진 드라마였습니다.
그래서 나는 추천사의 주제를 "거울(본보기)"이라고 표현하였습니다.

이제순 목사님 수고하셨습니다.
복 받으셨습니다.
축하합니다.

그리고 이 땅의 모든 이들에게
이 책을 읽어 보시라고 기쁘게 추천해 드립니다.

사단법인 AWMJ 대표
사단법인 세계한국인기독교총연합회 대표회장
신화석 목사

추천사 3

이제순 목사 간증 수필집

『약한 자들을 위한 희망의 증거』

한국 교회의 역사 속에 "나이가 지긋한 여성 전도자"가 많이 활동했음을 안다. 이들은 신실하게 기도하고, 병든 자를 치료하며, 삶으로 성경을 가르쳤다. 이 여성들은 진실한 영적 사고와 복음주의적이고 신실한 한국 크리스천의 삶을 반영하는 표상이다. 성경에서 이런 여성을 찾는다면 단연 드보라일 것이다. 그리고 동역자 가운데 찾는다면 내가 수년 전에 한국에서 만나 뵈었던 이제순 목사라고 할 것이다.

이제순 목사는 은자(隱者) 같은 느낌을 주는 사역자로 어느 한 부분에 과하지도 모자람도 없는 조화의 사역을 행하고 있다. 연약한 육신과 제한적인 환경을 기도로 돌파한 승전보는 들을수록 가슴이 뜨거워진다. 교회의 개척과 목회의 열매를 시종일관 기도로만 일구어 낸 것이 한눈에 보인다. 과연 기도에 있어서만큼은 목숨을 거는 모습인데 삶의 궤적은 어떠했을까? 때맞추어 그가 발간한 간증 수필집을 통해 선명하게 볼 수 있어 좋다.

작금 한국 교회는 영적으로 눈빛 흐린 시간을 보내고 있다. 외치는 자는 많지만 생명수는 말라 가고 있다. 고상하고 세련된 언어의 소리로는 결코 해결할 수 없는 영적인 고갈의 상태에 직면하고 있다. 이때 이제순 목사의 삶과 사역에 역사하신 하나님을 오롯이 담은 『약한 자를 향한 희망의 증거』의 출판은 독자들에게 하나님의 역사를 사모하게 하며 순전한 신앙의 회복을 목적하게 한다. 첫 장부터 마지막까지 성령의 역사를 느끼며 단숨에 읽어 나가게 된다.

  지난 세월 한국 사회의 가난했던 역사와 신음하던 영혼들의 희망의 불을 밝힌 것은 오직 주님의 은혜이었다. 이에 기도의 불을 밝히고 주의 인도함을 받으려 몸부림칠 때 사람이 살아나고 사회가 건강해졌다. 부르짖는 기도에 대한 하나님의 은혜가 주어진 것이다. 이제순 목사의 신앙 수필집 『약한 자를 향한 희망의 증거』는 그것을 증명하고 있다. 이에 나는 기쁨으로 이제순 목사의 귀감 됨을 축복하여 독자들에게 이 책을 적극 추천하는 바이다.

로잔 상임고문, 국제기아대책 종신총재
Dr. Tetsunao Yamamori

프롤로그
꿈이 있기에

21.10. 어느 날

주님께 허공에 대고 물어보던 인생이었습니다. 사방을 봐도 내 사연, 내 고통엔 답이 없었습니다. 점점 죽어 가는 제 인생에서 주님은 저를 살리려 살포시 손을 내밀어 주셨습니다.

나는 너의 인생을 설계하고, 너를 통해 이루길 원하는 뜻이 있다는 것을 알려 주셨습니다. 저는 그 손을 잡기가 두려웠지만 주님의 손을 잡았습니다.

하루하루 보이는 것은 없지만 영의 눈을 열어 보여 주신 꿈을 바라보며 한 걸음 한 걸음 전진했습니다.

사단은 내 귀에 속삭였습니다.
아무리 네가 꿈을 갖고 간다고 해도 그 꿈이 이루어지겠니? 세상은 네 편이 아니거든. 봐라, 배우고 똑똑하고 배경 좋은 사람들의 것이라고. 너는 할 수도 없고 될 수도 없어.

저는 속지 않기를, 사단의 속삭임을 듣지 않기를 결단하고 밤마다 울었습니다.

당신을 믿는다고. 나는 할 수 없지만, 내게 능력 주시는 자 안에서 할 수 있다고 생각하며 더욱더 주님을 좇았습니다. 주님은 역시 당신이 생각하고 설계하신 것을 이루셨습니다.

내가 생각하고 계획한 인생을 허무시는 그 시간들이 아파서 신음이 나오기도 했지만, 그것은 이내 찬송과 기도시간이 되게 하심을 알게 되었습니다. 그 시간이 곧 주님과 깊이 사귀는 시간이 되었고, 나를 발견하는 시간이었고, 기다림을 배우는 시간이었으며 사랑과 은혜의 시간이었음을 감사드리며 찬송합니다.

오늘도 삶이 나를 속여도 주님은 신실하시기에 영의 눈을 열어 보여 주시며 꿈꾸게 하셨던 일을 이루실 것을 기대하며 달려갑니다.
샬롬.

끝까지 붙잡힌 바 되는 인생이 있다.
누구나 생각해 보면 '이런 인생을 어떻게 살아냈을까?' 라고 할 것이다. 그러나 그 인생을 관통하는 하나의 빛이 있다. 그 빛에 대한 이야기를 해야만 한다. 이것이 나의 사명이기에.

PART 1

희망의 연대기

1.
나와 같은 사람도

나 같은 사람도 있다.

누구와 비교해도 내세울 것 하나 없는 그런 인생이었다. 남들보다 더 배운 것도 아니고 더 가진 것도 없었다. 그렇다고 세상적으로 명망 있는 부모님과 가족의 따스함이 있었던 것도 아니다. 그냥 오롯이 나 혼자인 것 같은 인생이었다. 아버지의 병환으로 정규 학교 졸업도 제대로 하지 못했고, 어느 날 내게 주어진 현실에만 순응하며 살아냈다. 명확하지는 않지만 집안 분위기가 그랬던 것 같다. 당시 사회상도 그러했으니까. 그렇다고 천덕꾸러기 같은 취급을 받은 것은 아니었다. 그저 넉넉지 않을 뿐, 나는 그래도 부모님께 기대와 귀함을 받고 자랐다. 후에 회상하면 이것 또한 어떤 하나님의 기막힌 설정인 것 같다.

여하튼 부모와 형제, 가정 형편의 굴레에서 그저 내가 할 수 있는 것은 현실에 충실하는 것밖에 없었다. 누구의 손에 이끌리는 것인지,

무엇을 위한 시간인지도 알지 못했다. 내가 할 수 있는 것에 한해서 충실한 삶. 그것이 나에게는 전부였고 그런 인생이 전부인 줄 알았다. 어느 날 아버지의 병환으로 인해 집안 전체에 암울한 기운이 가득해졌고, 장녀인 나는 아버지가 아프신 것도 왠지 나의 책임인 것 같았다. 어머니는 항상 내게 장녀로서 집안의 크고 작은 일에 대한 알 수 없는 분담을 요구하셨고, 나는 그것이 늘 익숙했다.

아버지의 병명은 '간경화'였고, 지금은 의학의 발달로 완치율이 높아졌지만, 당시에는 회복이 어려운 병이었다. 당시 의학의 힘으로도 그리고 치료에 들어가는 비용으로도 여러 가지 면에서 우리 가정이 감당하기 어려운 고난이었다. 늘 그랬듯이 그것도 어머니는 나와의 책임 소재를 나누고자 하셨다.

이것저것 안 해 본 것이 없는 어머니와 나는 어느 날 이웃의 권사님께 전도를 받아 교회를 알게 되었고, 용산 소재 교회의 유명 강사의 부흥회 소식을 들었다. 앉은뱅이가 일어나고, 혈우병을 앓는 여인이 옷자락을 만짐으로 치유되는 그런 놀라운, 믿기지 않는 말씀이 존재하는 곳, 어느 미신보다 더 미신 같은 이야기였다. 그러나 어머니는 더는 갈 곳이 없어 궁지에 몰릴 만큼 몰렸고 붙잡을 그 무엇이 필요했었나 보다.

어머니는 직장생활로 피곤한 나를 이끌고 그 부흥회의 자리에 나아갔다. 처음에는 지친 몸을 이끌고 가야 한다는 것이 너무 힘들어 안 가겠다고 하다가 어머니에게 참 많이도 혼이 났다. 정말이지 지금에 와서 생각해 보면 우리 가족이 교회에 근처에라도 갈 수 있는 사람들이었을까? 정말 인간이 예측할 수 없는 그곳에서 나는 내 일생의 모든 것을 뒤흔들어 바꾸는 무엇인가를 경험하게 되었다.

내 일생일대의 사건, 그날을 잊을 수 없다. 난생처음 찾아간 교회의 마루는 차디찼고, 그곳에 그냥 편하게 앉을 수도 없던 나는 무릎을 꿇고 부흥 강사의 말에 따라 모든 것을 다 했다. 마치 그렇게 해야 아버지의 병이 낫기라도 하는 것처럼. 그때 강사의 말은 우리에게는 '신의 음성'과 같은 것이었다.

찬송을 부르고 울부짖는 사람들 틈에 껴서 얼마나 지났을까? 눈치만 보며 어찌할 바를 몰랐던 나에게 부흥회를 주재하던 강사는 교회에 처음 와서 기도할 줄 모르면, '주여'를 세 번을 큰 소리로 부르라고 하였다.

'주여, 주여!' 그리고 마지막 '주여!'를 부르짖는 순간, 내 속에는 알 수 없는 뜨거움이 임하였다. 그리고 회개의 영이 임한 나는 그날 새벽에 이르기까지 울며불며 알 수 없는 뜨거움에 회개하며 몸부림쳤다. 그렇게까지 울고불고하는 나를, 어머니는 인간적으로 받아들이기 힘드셨던 모양이다. 그 이후 어머니는 창피하다며 교회에 나오지 않으셨다. 결국 아버지는 돌아가셨고 이 모든 것을 부정하던 어머니와는 신앙으로 인한 갈등의 골이 깊어졌다. 그러면서 두 남동생은 알 수 없는 환상을 보는 이상한 병이 찾아왔다. 어머니는 남동생들을 위해 굿을 하기 시작하셨다. 그럴수록 나는 더욱 주님께 빠져들었고, 조용한 성격이었던 나는 기도할 때만큼은 달랐다. 적극적으로 하나님과 깊은 교제를 하며 기쁨을 느끼고 있었다. 그러나 그날 이후 나는 나에게 찾아오신 성령의 인도하심에 깊이 빠져들었고, 나의 모든 것이 달라졌다. 실상 어머니도, 아버지도, 가정 형편도 달라진 것은 없었다. 그러나 내가 바라보는 세상은 달라졌다. 그리고 내가 달라졌다.

나는 그야말로 예수쟁이가 된 것이다.

예수쟁이. 얼마나 좋은 말인지 나는 지금도 이 예수쟁이란 말을 좋아한다. 개구쟁이, 애교쟁이 그리고 예수쟁이. 내가 생각할 수 있는 어휘에서 가장 좋은 말이다. 가장 사랑스러운 말이다. 그렇게 나는 주님과의 동행을 시작했다.

나와 같은 사람이 말이다, 꼭 변한 것이 있다고 증명해야 하는 것일까? 아마도 나의 상황에 반드시 극적인 반전이 있어야만 하는 것은 아닐 것이다. 주님께서는 이미 모든 것을 예비하셨고 기다리신다. 내가 그것을 깨달을 수 있을 때까지 모든 것을 참고 언제까지나 기다리신다. 뭔가 특별함이 있는 사람이어서가 아니라 그 누구에게도 그렇다. 나약하기만 했었던, 처참함에 몸부림치던 나와 같은 사람에게도 말이다.

나는 지금 목회자의 길을 걸어가고 있으며 그 여정에서 수없는 하나님의 은혜를 체험했다. 그러나 가장 나를 감동케 하는 것은 바로 하나님이 나와 같은 이를 들어 사용하신다는 것이다. 하나님은 미련한 자, 약한 자 그리고 악한 것까지도 들어 사용하신다. 그 이유는 하나님의 하나님 되심을, 그 살아 계심을 증거하려 하시기 때문이다.

주님, 지금껏 인도하신 그 사랑에 목이 멥니다.

저의 연약함을 사용하신 주님 감사합니다.

멸시, 천대, 십자가는 제가 지고 가리라고, 고백했으면서도 저의 연약함을 통하여 하나님의 일하심이 드러나 감사하면서도 한편으로는 연약함을 비방하고 채찍질할 때 아파하고, 고통스러워하는 제 모습이 주님 앞에 부끄럽습니다.

주님, 더욱 큰 은혜를 구합니다.
아직도 십자가에 다 처리되지 않은 육신의 본성이 저를 괴롭게 합니다.
도와주소서.
보혈을 의지하여 주님 앞에 나아갑니다.
십자가에서 신 포도주를 거절하셨던 주님을 본받고 싶습니다.
인간들이 주는 신 포도주로 고통을 잊으려는 어리석음을 십자가에 못 박게 하소서.

인생들에게 위로받고자 하는 어리석음을 십자가에 못 박게 하소서.
주님만을 위하여 살게 하시고, 주님으로부터만 위로받게 하소서.
주님, 이 땅에서의 섬김이 사람들에게 보상으로 고통으로, 멸시로, 무시로 올 때 아파하지 않게 하소서.
주님이 미소 지으시며 나를 기다리고 계심을 잊지 않고 웃으며 나아가게 하소서.

주님 도와주소서.
육신에, 본성에 울고 웃는 종 되지 않을 수 있도록 은혜를 내려 주시고 주님으로 풍성히 채워 주소서.
이 땅에서의 외로움이 그날에 상상하지도 못한 기쁨이 될 것을, 이 땅에서의 멸시가 하나님의 능력이 됨을 누리게 하소서.

주님, 나의 온 존재가 주님 한 분이면 충분합니다.
고백하며 누리게 하소서.
샬롬.

2.
하나님의 자녀는 절대 가난하지 않다

젊을 때 나는 늘 물질적으로 풍족한 삶을 살지 못했다. 오히려 언제나 궁핍했고 무언가 일이 잘 풀리지 않았다. 어린 시절 돈을 벌어야 해서 상급 학교로 진학하지 못했고, 아버지의 병환으로 집안의 경제는 더욱 어려웠다. 내가 돈을 벌어야 가족들의 생활이 유지되었고, 그래서 나는 그 무엇도 풍족하게 누려보지 못했다. 그리고 결혼 생활도 마찬가지였다. 사실 나의 신앙을 인정하지 않으시는 어머니의 핍박 안에서 믿음을 지키고자 선택했던 결혼이었다. 그 당시 믿음이 뜨거웠던 나는, 나이도 어렸지만 신앙의 깊이도 얕아서 그저 잘 살게 해달라고, 돈 많이 벌게 해 달라는 기도만 했다. 대부분 그렇지 않은가, 처음에 그것도 기껏해야 십 대, 이십 대 초반을 살던 나에게는 많은 것을 품을 여력이 없었다. 누구라도 그럴 것이다. 우리네 정서는 그저 정화수 한 사발 떠 놓고 내 자식, 내 남편 잘되게 해달라고 비는 것을 치성을 드린다는 표현으로 정성을 다하는 것뿐이었다. 그렇다고 그런 기복신앙을 폄하할 생각은 없다. 나의 하나님의 크고 위대하심에 내가 처음 믿은 신앙의 부끄러움이 자연히 드러날 수밖에 없다는 것을 그저 가볍게 합리화할 뿐이다. 기복신앙에 대해 정죄할 자격이 있는 사람은 누구도 없다. 부족하게 살아온 인생들은 누구라도 그러할 것이고 신앙이 자라고 주의 종이 되었어도, 아니 주의 종이기에, 생계, 삶을 해결하는 문제에는 늘 민감할 수밖에 없다. 그렇게 나는 늘 궁핍했다. 그리고 처음 믿는 신앙이었기에 물질에 대한 기도를 계속해서 드렸던 것 같다. 지금 생각하면 하나님이 얼마나 듣기 힘드셨을까 싶지만, 하나님은 우리 모두의 머리카락도 헤아리실 만큼 섬세하게 우리의 마음을 헤아리신다는 것을 알게 되었다. 우리 집이 궁핍하고 어려웠던 것은 누구보다 잘 아실 터였다. 그리고 그 '필요'에 대해서도 우리가 미처 알지 못하는 부분까지 모두 헤아리고 계신다. 내가 이후에 계속해서 서술하는 장에서 이에 대한 이야기를 다시 언급할 때엔 좀 더 공감이 될 것이다.

 나의 경우 어린 나이에 성령을 체험하고 믿음 생활을 시작했을 때는 그 나이와 신앙의 깊이에 따른 간구밖에는 할 수 없었다. 하나님을 향한, 전인격적 교제를 한다는 건 감히 상상할 수도 없었다. 어떻게 그런 것이 이루어지는지조차도 알 수 없을 때였다. 그래서 나는 물질을 구했고 하나님은 아직은 때가 아니라 하셨다. 때와 상황은 하나님만이 만든다는 것을 지금은 너무도 잘 알지만, 그때는 알 리가 만무했다. 그러했음에도 내가 하나님과 지속적인 교제를 하게 된 것은 전적으로 하나님의 은혜가 그 모든 것을 앞서 있어서였다. 그리고 그 은혜는 물리적으로 가진 것이 전부가 아니라는 것을 말해 준다.

가난할 수 없는 것은 우리가 이미 부요한 자이기 때문이다. 이미 예수님께서 우리를 대신해서 말할 수 없는 고난은 물론, 죽임까지도 기꺼이 당하셨다. 그리고 만일 그것으로 끝이었다면, 그 '죽음의 의미'는 지금까지 이 세상에 존재할 수도 없었을 것이다.

예수님은 부활하셨다. 3일 만에 성전을 다시 세우리라 선언하셨던 것처럼 우리를 향한 구원을 확증하시기 위해서 죽음을 이기신 것이다. 그러니까 우리가 무엇이 부족할 수 있단 말인가. 이미 우리는 모든 것을 가졌다. 이미 승리를 얻어놓고 시작한 인생이지 않은가?

그럼에도 불구하고 보이는 것만, '통장의 숫자'만 그리고 '나의 손'만을 바라본다. 내 손에 쥐어진, 눈에 보이는 어떤 것을 추구한다. 믿는 자들은 절대 그런 삶을 살아가지 않는다. 진정으로 우리 주님의 부활을 믿는다면 말이다. 우리를 위한 구원의 역사를 증거하신 것처럼 우리는 그 모든 것에서 초연할 수 있어야 한다. 그렇게 우리를 위해 이미 성령을 준비하시고 그가 역사하기만을 기다리고 계시기 때문이다. 세상이 끝날 때까지 말이다.

그렇다면, 누가 과연 부요한 것일까. 지금 내 손에 쥐어진 것이 없으면 가난한 것일까? 아니면 영원한 하나님의 나라를 약속 받았으니 부요하다고 말할 수 있는 것일까?

믿는 자는 결코 가난할 수 없다. 지금 비록 세상적인 가치 체계 속에서 어려움에 낮아질 대로 낮아진 영혼이라도 말이다. 하나님의 존귀함을 취하고자 하는 영혼은 절대로 가난하다고 여겨질 수 없다. 하나님의 존귀는 세상의 무엇으로도 값을 매길 수 없기에 그 어떤 부요함보다 앞서는 우리 주님의 구속의 역사 앞에서는 누구도 어떤 가치도 자랑할 수 없다.

그러나 마음만큼은 가난한 자가 되어야 한다. '십자가의 구원과 부활의 승리'는 내가 노력해서 취하는 것이 아니라는 고백의 정당함을 증명할 수 있기에 가난한 마음이 진정한 승리를 누릴 수 있는 것이다.

그래서 가난하나 가난하지 않은 자로 살아가야 하는 것이다. 가난의 기준과 부요함의 기준은 철저히 하나님의 기준이다. 하나님은 마음이 가난한 자를 사랑하신다. 지금은 목사가 되어 많은 양들을 돌보는 역할을 하면서, 나의 어린 시절을 뒤돌아보면 그곳에는 아주 작고 연약한 소녀가 있다. 나는 위축되어 불의한 일에도 말 한마디 못 하던 어린 소녀였다. 그러나 그 소녀에게 하나님은 친히 찾아와 주셨고, 귀하다 말씀하시고 어루만져 주셨다. 마음이 가난하여 하나님께 매달리는 것 외에는 다른 방법을 몰랐던 그 소녀를 특별히 사랑하셨던 하나님께서는 그 소녀를 위한 큰 계획을 세우시고, 당신의 방법과 뜻대로 주의 종으로 삼으셨다. 그렇게 하나님의 나라를 소유한 자는 가난하지 않다. 그리고 하나님의 나라는 가난한 자의 소유이다. 이 진리를 내 온 생을 통해 관통하는 하나님의 은혜만으로 증거한다.

오, 주님.

부족한 종을 바라보며 흐뭇한 미소를 지으실 주님을 생각하며 하루하루 살았지만, 제 삶을 돌이켜 보니 그런 삶보다 주님의 종을 바라보시며 세상의 유혹에 쓰러질까, 사탄의 꾀임에 사기당할까, 노심초사하며 저를 바라보셨을 주님의 마음이 느껴져 가슴이 아파 옵니다.

언제쯤 주님이 보시기에 철이 든 자식이 되어 주님을 평안케 해 드릴 수가 있을까요? 사용하소서.

주님, 주님이 맘껏 이 땅에 이루시고자 하는 일들에 맘껏 쓰임 받고 싶습니다.

소원은 있으나 그 일을 행할 능력이 없어서 애통해하며 주님을 부릅니다.

저를 만나 주시고 사랑해 주시며 지금까지 심부름시키신 하나님. 주님 앞에 서서 잘했다 칭찬받을 때까지 저를 품어주시고 사용하소서.

주님, 외로울 때 아빠가 되어 주시고, 연인이 되어 주셔서 그 달콤한 사랑에 취하여 이 순례의 길을 마치게 하소서.

주님 도와주소서.

세상의 사랑을 갈망하지 않게 하시고, 주님의 사랑에 취하여 세상의 그 어떤 것도 헛됨을 알게 하시고, 그 사랑에 취하여 승리케 하소서.

외로울 때 연인되어 주시는 주님 도와주소서.

종이 순결한 신부로 주를 맞기 원합니다.

깨끗하고 옳은 행실에 세마포 드레스를 입고 결혼식 날 최고로 빛나고 아름다운 신부가 되어 결혼식에 입장하고 싶습니다.

제가 지쳐 힘들 때 세상에 위로받으려는 마음이 없도록 주님이 저를 사랑해 주세요.

주님, 너무 힘들어서 유혹에 넘어가지 않도록 매 순간 만나 주시고 사랑해 주세요.

주님, 사랑합니다, 아주 많이요. 그 사랑에 오늘도 취하여 하루를 승리하게 하소서.

3.
사람에게 구하지 말라

주의 종이 되라는 응답에도 감히 교회를 개척할 엄두가 나지 않았던 나는, 그때의 살림은 정말이지 어떻게 꾸려갔는지 지금 생각해도 신기할 정도이다. 처음 안산으로 정착하여 상가 건물에서 기도원을 시작했다. 그리고 함께한 13식구들이 있었다.

식구(食具)란 무엇인가? 함께 둘러앉아 밥상을 공유하는 존재들이었다. 그렇게 우리 식구들의 먹거리부터 시작해서 모든 생활을 책임져야 하는 상황에서도 나는 한 번도 궁핍한 티를 내지 않았다, 뭐든 넉넉하지 않았고, 필요로 하는 예산은 없고, 가진 것은 빠듯했지만 그냥 그것으로 족했다. 하나님의 사랑에 취해 그 은혜만으로 너무 충분했다. 내가 하나님의 종으로서 후히 주시는 하나님 은혜의 가치가 없어지는 것 같은 기분은 참을 수가 없었기 때문이다. 허세와 자존심이 아닌 이 세상의 주인이신 하나님의 사람은 절대 가난할 수 없기 때문이라는 것을 너무나도 잘 알고 있었다. 내게 있어 하나님의 가계부는 논리적일 수가 없었다. 그저 주시는 대로, 그야말로 일용할 것으로 채워나갔다. 그러면서도 나는 구제를 잊지 않았다. 우리가 가진 것이 넉넉하고 내 것이 충분할 때 구제를 하는 것은 의미가 없다. 애초에 예수님이 오신 것은 가난한 자, 헐벗은 자, 병든 자를 구원하러 오신 것이기 때문이다. 그런 주님의 은혜에 바다 한가운데 있던 나는, 결코 주님이 정하신 길을 외면할 수 없었다. 어째서 나라고 힘들지 않았겠는가, 하지만 나에게는 사명이 분명했고, 교회를 개척하는 것은 사람을 살리는 일이었기에 사람에게 구하는 것으로는 결코 사람을 살릴 수 없음은 당연했다. 그래서 나는 하나님께 철저히 매달렸고 그분께만 구했다.

교회의 중요한 기능 중 하나는 바로 '구제'이다. 가진 것이 없어도 헐벗고 굶주린 사람들을 먼저 거둬야 할 것이다. 그것이 바로 예수님의 마음이 향하신 곳이기 때문이다. 예수님이 처음 우리에게 오실 때의 모습을 생각하면, 나는 항상 눈물이 난다. 가장 고귀하고 높은 곳에서 오신 예수님은 가장 낮고 천한 마구간에 태어나셔서 그 말구유에 놓이신 분. 그곳에 있는 낮고 천한 자들과 연약하고 상처가 있는 곳에서 세상 끝까지 함께 하신다고 하셨다. 그리고 세상을 보지 말고 오직 성령의 권능을 받고 온 유대와 사마리아와 땅끝까지 이르러 자신의 증인이 되라고 하신다. 증인된 삶을 살라 하신다. 어떻게 살아야 예수님의 증인으로 삶을 살 수 있을까? 그것은 바로 '섬김'이었다.

> *인자가 온 것은 섬김을 받으려 함이 아니라 도리어 섬기려 하고*
> *자기 목숨을 많은 사람의 대속물로 주려 함이니*
> · 마태복음 20장 28절 ·

그렇다. 이것이 하나님의 나라와 의를 구하는 것이다. 그리하면 이 모든 것은 우리에게 더하신다고 하신 하나님의 말씀이 이루어지는 부분이다. 나의 생활의 가계부는 예산이 존재하지 않는다. 세입보다 세출이 더 많은 부분도 이상하다. 인간의 지혜로는 도저히 풀어낼 수 없는 하나님의 말도 안 되는 긍휼하심에 있다. 나의 생을 통틀어 사람에게 의지하거나 사람을 믿어 그로 인한 회복과 위안을 추구한 적은 없었다. 가족도, 친구도, 이웃도 나에게는 믿을 수 있는 자들이 아닌 섬겨야 하는 사람들이었다. 어려운 일 속에서도, 사람이 나를 도와줄 수 있는 손을 내밀어도, 그들의 마음에 하나님의 속성에 반하는 부분이 있다면, 내가 아무리 어렵고 힘들어도, 나의 대답은 'No'이다. 그럴 수 있었던 이유는 하나님이 내게 보여 주신 신실한 약속에 의지하여서다.

정말 참담하고 어려울 때, 상처투성이의 욥과 같았던 내게 주변 사람들은 나를 향한 판단과 정죄를 쏟아냈다. 그러나 하나님은 언제나 그곳에서 나를 위로해 주셨고, 누구보다 내가 하나님의 사랑하는 딸임을 말해 주셨다. 어렵지만 어렵지 않게, 물질을 초월한 청지기적 사고로 살아갈 수 있는 이유는, 모든 걸 오로지 하나님께 구하기 때문이다. '나의 것'이라고 생각하면 움켜쥘 수밖에 없다. 그리면 하나님께 구하러 가는 길이 막히고 만다. 나는 주신 것을 관리하는 청지기로서 하나님의 마음이 있는 곳을 향하기 위해 구하고 또 구한다. 오직 하나님께만.

주님, 도와주소서. 우리가 안다고 하는 많은 지식들이 얼마나 하나님과 멀어지게 하고 주님을 십자가에 못 박았는지요.

어제의 경험들로 채워진 배부름이 의에 주리고 목마르지 않으며 하나님 은혜를 갈망하지 않아 배부른 자 같으나 주리게 되었고, 주님을 아는 자 같으나 모르는 자 되어 쓰레기 같은 지식과 경험을 붙잡고 교만하게 되어 어리석은 삶을 살며 사탄을 즐겁게 했는지요.

주님, 오늘도 당신의 십자가 앞에 우리의 지식을 못 박게 하소서.

주님, 우리가 다 안다고, 옳다고 생각하며 행동하고 기준 삼아 살던 것이 얼마나 주님을 아프게 하고 우리의 인생을 힘들고, 어렵게 했는지, 이 시간 성령으로 빛 비추어 주시어 우리의 실상을 깨닫고 주님 앞에 나아가게 하소서.

주님 되지 못하고도 된 줄로만 아는 우리의 지식으로 얼마나 많은 이들을 아프게 했는지요.

주님, 우리에게도 바울처럼 신성한 하나님의 빛 비추어 주시어 우리의 지식과 경험을 배설물로 여기게 하소서.

주님, 성령으로 비추어 보게 하셔서 하나님의 크신 사랑과 은혜를 풍성히 누리며 사탄의 정죄에서 자유케 하시고, 주님의 사랑에 매혹되어 주님의 행복한 연인들이 되어 주의 일 하는 사역자들이 되게 하소서.

주님, 이 시간 그 크신 하나님의 사랑에 감사드립니다.
영광 받으소서.

4.
전한 복음은 가짜가 되지 않는다

주의 종은 멀티 플레이어다. 말씀을 전하는 것은 물론, 사람의 마음을 잘 만져 주어야 한다. 또 마음의 양식도 중요하나 육체의 양식을 나누며 섬기는 것도 중요하다. 그래서 직접 음식을 하고 나누는 것에 대해서 늘 행복하게 생각해야 한다. 지금도 개척 초창기의 동역자들과 우리 교회의 성도들과 나눔을 아주 소중하게 생각하는 것은 물론, 도시락 봉사도 끊임없이 이어 가고 있다. 물론 나의 의를 자랑하려는 것이 아니라, 우리는 '주의 종은 복음을 전하는 사람'이라는 것이다. 그리고 많은 사람들과 함께 그 복음을 지켜 내야 한다. 입술로 선포되는 말씀은 나의 행동을 타고 사람들에게 전해진다. 내가 은혜에 힘입어 단지 말씀을 전하는 것으로 끝나는 것이 아니라, 그 말씀에 생명력의 날개를 달아야 한다. 복음을 전하는 일은 전적으로 하나님께 의지하지 않으면 할 수 없는 일이다.

사역 초기에 나는 전도사로서 기도원을 먼저 운영했었다. 그때만해도 교회를 개척하는 것이 두려워 시도하진 못했다. 그저 기도만으로 충분히 뜨거웠고, 은혜가 넘쳤다고 생각했다. 그런 이유로 안산에 상가 건물을 빌려 작은 기도원을 시작했는데, 참 은혜스러웠고 뜨거운 열정이 넘쳤다. 이 당시는 부흥 강사로 초빙을 받아 전국 곳곳에서 부흥 집회를 하였다. 그렇게 부흥 강사로 초청되었던 전라도 장성에서 은혜 충만함으로 기도원을 하나 더 운영하면서 안산과 장성을 오가게 되었다.

어느 추운 겨울이었는데, 유난히 은혜가 충만했고, 기도는 뜨거웠다. 늘 그렇듯이 기도원에서 집회를 하고 나면 많은 사람들과 은혜를 나누었고, 그 과정에서 더욱 성령이 충만해졌다. 받은 은혜를 나누며 삶에서 흘려보내는 것을 사명으로 삼고 살아가는 영혼들을 보면 정말 사랑스러웠다. 이런 방식으로 은혜를 나누고 복음을 실천하기를 소망했다.

그즈음 새로 마련한 장성의 기도원 바닥 설비가 시급했다. 아무래도 새로 마련한 공간이라고 해야 창고를 개조한 곳이기 때문에 늘 그렇듯이 먼저 하나님께 구하는 중이었다. 내가 강사로 갔었던 광주 모 교회 부흥회에서 은혜 받은 성도 한 분이 바닥 공사를 자신이 할 수 있다고 하면서 먼저 제의를 하였다. 주의 일을 하는 나는 공사비가 마련되지 않는 상황에서 함부로 약속을 할 수는 없었다. 그런데 공사비는 나중에 언제든지 정산을 해도 되니 먼저 공사를 하자고 강권하였다. 목회 사역을 하며 돈 약속을 어기는 것은 하나님의 영광을 가리는 일이기 때문에 지킬 수 없는 약속은 할 수가 없었고, 그것은 지금도 마찬가지였다. 그런데 업자가 갑자기 바닥공사 자재를 가져다 놓고 비용을 달라는 것이다.

갑작스럽게 돈을 받으러 오겠다고 하니 가진 것 없던 나는 어떻게든 감당해야 했다. 장성에 있던 우리 동역자님들을 안산으로 올려 보내고 혼자 남아 기도를 시작했다. 그분이 돈을 받으러 오겠다는 말에 흔들려서 내가 전한 복음이 허울 좋은 말로만 생명력은 없는 강연이 될까봐 두려움을 떨칠 수밖에 없었다. 그러므로 내게는 기도밖에는 답이 없었다. 초초한 마음은 있었지만 결국 월요일 아침이 왔고, 나는 내려앉는 가슴을 부여잡고 기도의 자리를 지켜 냈다.

그날은 눈이 많이 내렸다. 기도원 건물을 소유하고 있었던 권사님이 오전에 갑자기 건물이 임대가 되어서 보증금이 생겼는데 기도원이 생각나서 헌금을 하시겠다고 연락도 없이 찾아오신 것이다. 그리고 전도사였던 내게 돈 쓸 일이 있을 거라는 생각이 들었다며 받은 보증금을 주시고 바로 기도원을 나가셨다. 오전에 돈을 받으러 오겠다던 그 업자는 눈길에 막혀 오전에 기도원으로 오지 못했다. 눈이 녹아 길이 풀리며, 결국 오후에 도착했다. 덕분에 나는 하루도 한시도 미뤄지지 않고 그 업자에게 바닥공사 자재값을 정확하게 지불할 수 있었다. 결코 가짜가 될 수 없는 하나님의 은혜였다.

그분의 영혼에 아주 적은 크기라도 복음의 은혜가 남아 있다면, 나는 그걸 지켜 내야 했다. 내가 전한 복음의 가치를 떨어뜨릴 수는 없었다. 그것이 내가 지켜 내야 하는 가치이다. 하나님께 받은 은혜와 복음과 하나님의 살아 계심이 열매로 나타나야 했다. 그래서 바로 기도의 자리를 떠나지 않고 지켜 냈다. 하나님께 아뢰며 기도했다. 그저 돈을 달라는 욕심이 아니라 전한 복음이 변질되는 것을 막아 달라는 기도였다. 복음을 지키는 것, 복음의 전달자로 살아 내는 것이 내 인생의 목표였고, 그 당시 하나님께 받은 사명이었다.

내게 이런 일들은 새로운 경험은 아니었지만, 겪을 때마다 하나님의 살아 계심이 너무나도 생생하게 다가왔다. 그 설비업자는 그 후로도 계속 그 은혜의 잔재를 지켜 냈을 거라 믿는다. 그리고 신앙을 지켜 내며 살아갈 수 있도록 나는 더욱 기도한다. 이런 식으로 하나님의 사랑은 우리가 생각지도 못한 지경까지 이른다. 만약 내가 그분의 요구를 무시하고 내 소견대로 세상적인 방법으로 대응했다면 하나님의 개입은 없었을 것이다. 어떻게든 공사비 지불은 했겠지만, 영혼 구원의 사역은 무너지고 말았을 것이다. 그렇게 복음은 가짜가 된다.

그러나 하나님은 복음을 지켜 내신다. 그렇게 나를 철저하게 훈련시키시는 하나님은 정말로 놀라울 따름이다. 어떤 일보다 '영혼 구원'이 먼저이신 하나님의 기본적인 속성을 잘 분별하면, 그의 나라와 그의 의를 어떻게 구하는지 의식하지 않아도, 본능적으로 알고 행하게 된다. 이런 소중한 경험은 늘 일어난다. 그러나 그렇다고 은혜가 언제나 당연할 수는 없다. 가짜에 속지 말아야 한다. 우리에게는 늘 우는 사자와 같은 가짜들이 틈새를 파고들기 위해 기다리고 있으니 말이다.

그래서 늘 기도를 쉬지 말아야 하고, 말씀을 가까이 두어야 한다. 우리 성도들은 나를 어려워하거나 혹 내가 힘들까 봐 다가오는 것을 꺼려하지 않는다. 나도 그들이 늘 내 곁에 오는 것을 한 번도 바쁘다는 핑계로 막아 본 적이 한 번도 없다. 나의 일은 그들 곁에서 지키는 것이다. 내 양을 먹이라는 주님의 말씀처럼, 양을 먹이는 것은 단지 먹을 것을 주라는 말씀만은 아닐 것이다. 양을 키우는 것, 먹이고 지켜 내는 것, 그리고 그 양들이 무사히 주인의 손에서 안식할 수 있도록 인도하는 것이다. 그래서 나는 복음을 지켜 내야 하고 그 복음 전하는 사역이 오염되는 것을 막아야 한다. 설령 하나님이 우리에게 주신 선물과도 같은 일이라고 할지라도 세상에 함몰되어 세상적인 방법으로 문제를 해결하는 순간, 하나님은 더 이상 일하실 수 없다는 사실을 명확하게 보여 주신다. 그러한 표적이 바로 이 기도원 바닥 공사였다.

바닥 공사 후 지금까지 사역이나 개인에게 주신 표적은, 가슴이 벅차다고 믿는 나에게 기적이 상식이 되는 삶을 주시는 은혜를 글로 다 표현할 수 없다.

5.
애통하고 기도하라

나는 처음 주님을 만났을 때를 잊을 수 없다. 그때 나는 아버지의 건강을 위해서 한 번도 한 적이 없는 기도를 하고 있었다. 어떤 말을, 어떻게 하는 건지도 몰랐지만 그저 부흥 강사를 따라서 아무것도 모르는 찬양을 소리 내어 찬양하고, '주여 삼창'을 하라는 말을 그저 따라 했을 뿐이다. 그런데 세 번째 주여, 외치면서 나는 성령의 임재하심을 경험하고 머리로 알지 못하지만, 가슴이 뜨거워지는 성령을 체험했다. 그래서인지 내 기도는 늘 치열했다. 성령의 말씀이 충만하다. 하루도 하나님과 교통하지 않는 날이 없다. 마치 야곱이 그랬던 것처럼, 기도는 나의 어려움을 하나님께 간구하고, 또 간구하는 자리였다. 아무것도 가진 것 없는 나는 하나님께 구하는 것으로 매달릴 수밖에 없었다. 그럴 때면 하나님은 늘 나를 너무나도 사랑하신다는 음성이 들려왔다.

하나님의 음성을 듣고자 기도하면
귀를 기울고 나의 기도를 들어 주신다네.
깊은 웅덩이와 수렁에서 끌어 주시고
나의 발을 반석 위에 세우시사
나를 든든히 하셨네.

내가 기도를 할 때마다 어김없이 임하시는 하나님의 음성이었다. 그렇게 나는 기도에 목숨을 걸었다. 정말 어려운 살림에 제대로 먹지 못해도 기도는 쉬지 않았다. 아이들을 업고 교회로 기도원으로 찾아다녔다.

사실 그때 내가 간절히 구하는 것은 물질이었다. 그저 물질이 해결되면 나의 모든 고난도 끝날 것 같았기 때문이다. 당시 우리 가족은 자그마한 사업을 하나 하고 있었는데, 참 안돼도 정말 안됐다. 살림은 어려웠고, 우리는 넉넉지 못한 환경 속에서 근근하게 생활하였다. 무엇보다 자존심에 상처를 받는 순간이 많았다. 하나님 믿는 자녀는 남들 보기에도 잘 살아야 한다는 생각 때문에, 돈이 없다는 소리조차 차마 하지 못할 때였다.

하나님 영광을 가릴까 봐 하나님께 구하고 또 구했다. 교회에 들어가 하도 울면서 기도하니 너무 운다며 싫은 소리를 듣기도 했다. 그래서 기도할 곳을 찾아가기 위해 지나는 성도들을 붙잡고 나도 같이 데려가 달라고 매달리며, 그들을 따라 기도하러 가기도 했다. 기도 동역자가 생기고 삼각산, 갈멜산 등을 찾아 기도 생활을 했다. 그때의 세상은 아무리 함께하는 동역자가 있더라도 무섭게 느껴졌다. 밤에 산을 찾아가 기도할 때, 새벽에 길을 다닐 때는 위험한 상황도 참 많이 있었다. 그러나 하나님의 사랑에 취해 나는 기도의 자리로 꿋꿋하게 나아갈 수밖에 없었다.

그곳에서 기도할 때면 늘 하나님의 음성이 들려왔다. 음성을 듣는다는 말은 참 내뱉기 조심스럽다. 하지만 내게는, 내가 체험한 하나님을 전할 의무가 있다. 하나님의 음성은 내 입술을 통해서 들려왔고, 내 마음속에 울림으로 또 성령의 음성으로 또렷이 들렸다. 내가 원하는 것보다 더 채워 주실 것이라고 믿으며 늘 받아왔다.

기도의 충만함을 받고 내려오는 길은 너무나도 행복했다. 그러나 결국 다시 집에 돌아오면 또다시 어렵고 어려운 고단한 생활의 현실이 오롯이 남아 있었다. 그러면 또 기도원으로 향할 수밖에 없었다. 나에게는 하나님밖에 없었으니까. 그렇게 갈급한 내 영혼은 하나님께 고하지 않으면 살 수가 없었다. 그렇게 교회와 기도원을 오가던 여느 때와 마찬가지로 애쓰며 기도하는 나에게 말씀을 주셨다.

> 예수께서 대답하여 가라사대 기록되었으되
> 사람이 떡으로만 살 것이 아니요
> 하나님의 입으로 나오는 모든 말씀으로 살 것이라 하였느니라 하시니
> · 마태복음 4장 4절 ·

그날 새벽에 내게 주신 말씀은 내가 붙잡았던 것의 본질이 무엇인지 알게 하였고, 세상의 물질에 매달렸던 내 모습을 제대로 보게 하셨다. 하나님은 내게 무엇이든 주실 준비를 늘 하고 계신다. 그래서 항

상 기도의 응답은 있었으나, 단지 나의 부족함으로 인해 깨닫지 못한 것이었다. 늘 기다리시는 하나님 앞에 준비되지 못한 심령으로 세상의 기준된 것만을 구했고, 그것이 내 마음속에서는 하나님보다 앞서 있다는 것을 깨닫지 못했다. 하나님 한 분만으로 만족해야 하는데 말이다. 그렇지 않은가, 온 천지의 주인이시자 주관자이신 하나님이 내 아버지이신데 무엇을 더 구하겠는가. 주님 한 분으로 너무 충분한 것이다. 이런 고백을 하게 되니 그 이후부터 아무것도 구해지지 않았다. 그랬다. 하나님이 하나님 되심을 믿음으로 붙잡으면 된다. 그리하면 세상의 어떤 것도 마음에 두지 않게 된다. 내가 기도하는 시간에는 오로지 하나님과 나와의 관계뿐이다. 그 어떤 것도 필요치 않다.

하나님은 먹고, 마시고, 입는 것 때문에 염려하지 말라고 하였다. 기본적으로 필요한 것들 때문에 염려하기보다는 더 잘 먹고, 더 잘 마시고, 더 잘 입으려 하기 때문에 생기는 염려라고 할 수 있다. 더 잘 살기 위한 욕심이 문제가 아니라, 결코 감사하지도, 만족하지도 못하는 사람의 마음이 문제인 것이다. '사람의 욕심은 끝이 없습니다.' 사도 바울이 예수님을 믿고 난 후에 변한 것들 중의 하나가 바로 이것이었다.

지금 내가 하고 있는 염려는 어떤 것들인가? 꼭 필요한 염려일까. 혹 욕심은 아닐까. 염려의 뿌리에는 '욕심'이 있다. 욕심과 함께하는 염려는 필요 없는 염려이고, 욕심이 없는 염려는 유익이 될 수 있다. 바울은 물질 때문에 자족하지 못하는 마음은 경건 생활에 방해가 된다는 것을 가르쳐 주었다. 예수님께서는 염려하지 말라고 말씀하시면서 염려하는 자들을 "믿음이 작은 자들"로 부르고 있다. 바울도, 예수님도 믿음이 없거나 작기 때문에 마음에 욕심이 생기게 되고, 욕심 때문에 염려하게 되어 염려가 자기를 무너뜨리게 된다고 하였다.

아담과 하와도 선악과를 먹고 싶은 욕심이 있었고, 먹고 싶은데 먹지 못하므로 염려했을 것이다. 염려할 때 마귀가 틈을 타게 되고 유혹하여 죄를 짓게 만든 것이다. 욕심은 이와 같이 하나님의 뜻과 반대되는 것들을 갈망하는 것이다. 염려 대신 자족과 감사한 마음으로 경건 생활을 하면 많은 유익을 얻을 수 있다.

> 너를 낮추시며 너로 주리게 하시며 또 너도 알지 못하며
> 네 열조도 알지 못하던 만나를 네게 먹이신 것은 사람이 떡으로만 사는 것이 아니요
> 여호와의 입에서 나오는 모든 말씀으로 사는 줄을 너로 알게 하려 하심이니라
> · 신명기 8장 3절 ·

하나님이 하나님임을 알게 하려 하시는 것. 그래서 하나님께로부터 나오는 말씀을 기준으로 살아가는 것. 이것이 바로 하나님을 올바르게 바라보게 하심이다. 우리가 그것을 모르고 잊고 살아갈 때에 세상의 것이 우리의 전부가 되고 만다. 세상의 것에 함몰되다 보면 눈이 어두워지게 되고, 생각이 둔해져서 하나님의 속성 전부를 잊고 살아가게 된다. 그 순간 나쁜 것들이 틈타기 쉽다. 그러니 그러한 순간 우리는 애통하며 기도의 자리로 나아가야 한다. 늘 좋으신 하나님이 기다리고 계시니.

처절한 외로움은 주님과 친밀한 관계가 되었고
지독한 가난은 하늘의 풍성함을 누리게 하며
한없는 부족함은 아버지의 천지를 지으신 하늘의 지혜를 경험케 했고
어찌할 바 몰라 탄식하며 처절한 애통은 하늘의 길과 사명을 알게 하시며
이해되지 않는 주님의 명령의 순종은 아버지의 섭리와 경륜을 이루게 하셨네.
주님, 이 시간 애통합니다.
비천한 이 종을 통하여 당신의 존귀함이 드러나게 하소서.

6.
믿어져서 환장해 봤나

믿음도 은사이다. 믿는 사람이 당연히 믿어야지 무슨 소리냐고 할 수 있지만, 믿는다고 다 믿는 것인가? 인간으로서는 믿음을 입증할 수 있는 방법의 척도를 알 수 없다. 그냥 믿어지는 것이다. 믿어지는데 어찌하겠는가. 선물과 같은 믿음은 은혜로서만 가능한 일이다.

> 믿음은 바라는 것들의 실상이요 보지 못하는 것들의 증거니
> · 히브리서 11장 1절 ·

처음으로 하나님을 믿고 무작정 기도의 자리를 사모했다. 인격적인 하나님을 만나며 나는 무엇이든 순종했고 믿음이 성장했다. 처음에는 믿어진 것도 신기해서 나조차도 왜 믿어지는지 알 수 없었다. 성경의 인물로는, 우리 모든 믿는 사람들의 롤 모델이라고 할 수 있는 아브라

함을 보더라도 그 믿음에는 논리 같은 것이 없다. 현대에서는 이라크 쯤 된다고 알려진 '갈데아 우르'에서, 더구나 우상을 섬기는 부모를 둔 아브람에게 하나님은 정말 뜬금없이 말씀하신다.

"너는 너의 본토 친척 아비 집을 떠나 내가 네게 지시할 땅으로 가라"는 창세기 12장 1절의 말씀을 들은 75세의 아브람은 한마디도 되묻지 않는다. 심지어 어디로 가라고 하는지도 묻지 않는다. 그냥 아내 사래와 조카 롯과 있던 모든 것을 정리해 바로 떠난다. 이것이 우리가 존경하지 마지않는 아브라함의 믿음이다. 그러니 이것이 어떻게 오직 아브라함의 능력이라고 할 수 있을까? 그저 나눠 주신 분량만큼, 이해할 수 없는 순종과 이해할 수 없는 은혜, 바랄 수 없는 중의 바람이었다. 나도 그렇다. 소망이 없을 때도 그냥 믿어졌다. 오히려 하나님이 보이지 않을 때 눈물이 났다. 사업도 망하고, 아들도 잃고, 약속하신 것이 아무것도 이루어지지 않아도 믿어지는 것이 나조차도 신기했다. 아브라함의 아내 사래는 90세가 된 자신이 아이를 가진다는 사실에 실소를 했고, 이러한 믿음을 가진 아브라함도 100세가 된 자신에게 아들을 주시겠다는 것을 자신의 소견대로 해석하여 이미 얻은 이스마엘을 축복해 달라고 한다. 그러나 하나님의 뜻과 계획과 때는 달랐다.

내가 기도를 할 때마다 들려주신 약속 가운데 하나님은 구체적인 사업 계획서를 보여 주지 않으신다. 나의 주인 된 하나님이 운영하시는 나의 인생이라는 것만 믿으면 된다. 당신이 이와 같이 지명하여 불렀고 당신의 소유임을 확실히 선포하셨는데, 나를 통해서 당신이 원하시는 모든 것을 최적의 상황에서 이루실 것인데, 어찌 믿지 아니할 수 있을까?

그저 만유의 주관자 되신 하나님의 속도에 맞추어 동행하는 훈련만이 필요하다. 하나님보다 앞서지 않고, 게으르지 않으며, 즉각적인 순종으로 발맞춤 하다 보면 완전무결한 순간이 찾아온다. 나의 인생을 통하는 하나님의 은혜가 그러했다. 가장 비참했을 때도, 가장 좋았을 때도, 기막힌 우연으로 이루어진 만남도, 모두 하나님이 협력하여 이루신 선한 인도하심이다.

그리고 먼저 된 은혜를 입은 나에게 '전하라'고 하신다. 그 기막힌 축복과 타이밍, 인간으로서 견딜 수 없었던 순간까지도 기도하고 믿어지게 하심을 '증거하라' 하신다. 그래서 나는 믿어져서 주의 종이 되어 전할 수밖에 없다.

하나님의 하나님 되심, 아브라함에게 임하신 하나님, 내게도 약속하신 하나님. 그리고 살아 계심을 보여 주시기 위해 그 약속 가운데 신실하게 임하시는 하나님도 내가 증거해야 하는 하나님이다.

그리하여 가장 어두운 골목에서 혼자 울고 있는 자에게 빛 되신 주님의 사랑과 은혜의 통로로서의 사명, 그를 위해 주신 나의 믿음의 은사 때문에 나는 깊은 믿음을 가질 수밖에 없었다. 나의 인생의 증거를 보여 주어야 한다.

이와 같이 하나님의 큰 은혜가 사람에게 주어졌지만, 사람은 하나님을 불신함으로 은혜를 제대로 누리지 못하는 것은 큰 불행이다. 우리의 신앙생활도 마찬가지다. '신앙의 삶'은 하나님께서 주신 은혜에 대하여 우리가 어떻게 반응해야 하는지에 대한 것이다. 구원은 믿음으로 받는다는 것을 잘 알고 있으나, 하나님의 은혜가 주어지지 않았다면 믿음도 아무 소용이 없는 것이다. 그러므로 믿음 이전에 하나님의 은혜가 먼저이다. 하나님께서 주신 은혜를 받고 누릴 수 있는 조건이 바로 믿음이기 때문이다.

> 너희가 그 은혜를 인하여 믿음으로 말미암아 구원을 얻었나니
> 이것이 너희에게서 난 것이 아니요 하나님의 선물이라
> · 에베소서 2장 8절 ·

구약 성경에 나오는 노아도 하나님의 은혜가 없었더라면, 그와 그의 가족들이 대홍수로 죽고 말았을 것이다. 그러나 하나님께서 노아에게 구원의 은혜를 먼저 베푸셨기에 노아는 사람들의 비웃음 속에서도 방주를 만들어 그의 가족과 세상의 생명들을 지켜 내었다.

> 노아가 그와 같이 하되 하나님이 자기에게 명하신 대로 다 준행하였더라
> · 창세기 6장 22절 ·

하나님께서는 지금도 우리에게 은혜를 베푸시고 계신다. 2,000년 전에 육신의 몸을 입고 이 땅에 오셔서 종의 모습으로 우리를 위해 몸을 굽히시고 죽기까지 복종하시면서 우리를 구원하셨다. 이러한 하나님의 은혜를 믿는 자는 그 구원의 은혜를 누릴 수 있다.

PART 2

그 사랑에 매료되어

1.
결혼과 고난

나는 아버지와 조부모님의 사랑으로 대접받고 자랐다. 하물며 당시 고무신도 신어보지 않고 컸다. 그러나 아버지의 투병 생활을 시작으로 가정환경이 더욱 힘들어졌다. 경제적으로 어려움이 커져 생활비를 벌어야 했기 때문에 학업을 이어가지 못했다. 끝내 친정아버지가 돌아가시고 이중 삼중으로 고통에 시달리며 생활을 위해 살아야 했다. 그러나 이 모든 것이 고난이었지만, 그래도 아버지의 투병 생활 끝자락에서 기적적으로 날 만나주신 하나님이 나를 지켜주셨고, 신앙생활을 계속해서 이어나갈 수 있게 되었다.

그러나 곧이어 어머니의 박해가 시작되었고, 나는 행복할 수 없었다. 경제적인 어려움이야 노력해서 어느 정도 벗어날 수는 있다고 해도, 나의 살아가는 이유인 '신앙에 대한 박해'는 견디기 힘든 고난이었다. 그리고 남편을 만났을 때, 그는 정말 좋은 사람이었다. 무엇보다

착하고, 생업을 잇기 위한 기술도 가진 남편이라면 믿음 생활을 같이 할 수 있을 거라 생각이 들었다.

아버지가 돌아가신 이후 맏이였던 나는 아버지의 유언에 따라서 어린 동생들을 키우고자 갖은 노력을 다했다. 그리고 내가 고생해서 그 역할을 감당하는 것이라면 얼마든지 노력할 수 있었다. 그러나 어머니가 우상을 섬기며 나의 신앙을 박해하는 것만큼은 정말 견디기 힘든 고통이었다. 그래서 다른 어떤 것보다 내 신앙을 지키기 위해서 남편과의 결혼을 서둘렀다.

그렇게 시작한 결혼 생활도 행복했으면 좋았겠지만, 남편은 믿음 생활과는 거리가 먼 사람이었고, 물질은 늘 부족하고, 친정어머니의 축복은커녕 냉대를 받았던 결혼 생활이 시작되었다. 시댁에서도 인정받지 못하는 며느리였고, 나는 무엇 하나 결혼 전과 나아진 것이 없는 생활을 이어갔다.

사실 '시월드'에 대한 이야기는 할 말이 한 보따리는 된다. 갓 결혼해 어린 나이였던 나는 가지고 온 것도 없었고, 그렇다고 풍족하지도 않은 신혼살림에 첫딸을 낳고도 마음껏 유세 한번 떨어보지 못했다. 친정어머니는 언제나 내게 욕을 달고 살았고, 시어머니는 나를 아예 거들떠보지도 않으셨다. 위축되어 있던 나를 더욱 외면하셨고 따뜻한 말 한마디 없으셨다. 얼마나 모질게 굴었는지, 첫아이를 낳고 100일쯤 되어서 형님이 결혼식을 했는데 시댁 식구들 누구 하나 나에게 함께 결혼식에 가자고 말해 주는 사람이 없었다. 그래서 나는 아이와 함께 덩그러니 남아 집을 지켰다. 만약 내가 그날 아이를 들쳐 업고 나왔다면, 아마도 지금까지 남편과 같이 살고 있지 못했을 수도 있다.

결혼식이 끝나고 형님이 해 온 혼수에 대해 이러쿵저러쿵 이야기를 일삼는 어머니와 시누이들에게 또 상처를 받았다. 그런 이야기를 듣고 있자면, 나는 너무 비참해 그 자리에 꺼져 들어가고 싶었다. 그뿐이 아니다 명절 때 한 번도 내 앞에서 음식을 싸 주신 적이 없었고, 형님에게만 음식을 싸 주셨다.

김장도 으레 어머님은 형님에게는 당연하게 주셨던 것을, 나에게는 한 포기도 챙겨주지 않으셨다. 어머님 생신이면 하루 먼저 도착해서 없는 형편에 블라우스며, 옷가지를 사서 정성을 드려도 아는 척도 않으시고, 방문을 닫고 들어가기 일쑤였다. 당시 너무 비참하고 속상한 마음 또한 나는 기도로 풀었다. 나는 기도의 자리에 나가면, 수건 한 장을 모두 적셔가며 기도를 했었다. 그리고 지금도 믿어지지 않는 것은 괴로운 마음에도 시댁 식구들의 영혼을 위해 기도했다는 것이다. 하나님의 사랑은 슬픈 마음에도 사랑을 구할 정도로 불가항력을 가진 것인가 보다. 미워하고 원망해도 전혀 이상할 것이 없는 상황이었지만 그럼에도 불구하고 나는 그들에게 항거 한마디도 하지 않았고 잠잠히 주님만을 바랐다. 하나님은 그들을 위한 자비하심을 나를 통해 보이신 것이다.

그리고 또 너무 감사한 것은, 슬퍼하는 나를 위로하고 지키셨다는 것이다. 내가 그 모든 것을 하나님께 내려놓고 기도하며 애통하지 않았다면, 아마도 우리 어머님과 시누이, 친정어머님과 동생들에게 구원의 역사는 없었을 것이다. 이런 방식으로 나를 위로하시는 하나님이셨다.

"다 이유가 있어서 그래. 너를 통해 내가 살아 있음을 보일 거야. 그러니까 조금만 참으렴. 사랑하는 나의 딸아."

나는 지금 생각해도 하나님의 그 탁월하신 능력과 타이밍으로 나를 지켜 내신 그 은혜와 사랑은 어떻게 표현해야 좋을지 모르겠다.

만약 내가 나를 잃어버리고 참지 못해 그 불의한 대접에 원망하고 화를 폭발시켰다면, 주의 종이 되었을 때 그리고 하나님의 역사로 살아가는 나의 삶은 비웃음거리밖에 되지 않았을 것이다. 하나님은 그렇게 나를 붙드셨고, 나를 절대 부끄럽게 하지 않으시려고 그 연단의 과정을 이겨내게 하셨다. 나를 통해 '정금과 같음'이 무엇인지 보여 주셨다.

우리 시어머님은 말년에 내가 시어머님을 위해 기도해 드리는 것을 무척이나 좋아하셨고, 나를 극진히 후대하셨다. 지금 권사가 된 막내 시누이도, '오빠는 언니를 업고 다녀야 한다'고 나를 추켜세우며 나의 하나님과 나의 길을 인정한다. 내 동생들은 현재 우리 교회를 섬기며 신앙생활을 하고 단단한 믿음의 기반 위에서 사역하고 있다.

산 위에서 100년이 넘도록 방주를 지으며 모든 사람의 비웃음을 견디고, 묵묵히 하나님의 말씀에 순종했던 노아도 그러했으리라.

나의 믿음은 사람을 최우선으로 보지 않았다. 무엇보다 내가 어떻게 그럴 수 있었는지 모르겠지만, 시댁 식구들, 특히 시어머님의 영혼을 위해서 긍휼히 여김을 구하는 기도를 했다. 지금 생각하면 정말 알 수 없는 일이다. 말도 안 되는 순종이었다. 이렇듯 나의 길은 하나님의 사랑에 매료된, 말도 안 되는 순종과 믿을 수 없는 역사의 반복이었다. 주님의 그 사랑은 이토록 강력하게 사람을 매혹시키신다. 믿음에 사로잡힌 나는 결국, 하나님의 은혜로 시댁과의 연합은 물론이고 든든한 동역자로 남편을 세워나갔다. 남편과 시댁 식구들의 구원 과정에서 불가능할 것 같았던 일을 하나님이 행하신 기적은 이루 말할 수 없다. 가장 중요한 그것, 바로 '하나님의 영광을 가리지 않는 것'으로 하나님께선 이루어내셨고 이는 믿어지지 않는 승리라고 할 수 있다.

2.
하나님, 아시지요?

나의 기도이다. 참담해질 대로 참담해졌을 때 기도조차도 나오지 않는 순간이 있다. 그럴 때마다 수없이 되뇌는 말이다.

하나님 아시지요?

결혼하여 첫딸을 낳고 둘째로 아들을 낳았다. 나는 늘 그렇듯이 기도를 하지 않으면 살길이 없었기에, 아이들을 업고 기도하러 다녔다.

아이들이 3살, 5살이 되었던 82년도는 내게 잊을 수 없는 해다. 하나님은 이상하게도 기도를 하면 내게 주의 길을 보여 주셨다. 내가 강대상에 붙어 사람들을 향해 있는 환상이었는데 '아멘'을 외치면 강대상이 떨어지는 모습을 몇 번이나 보이셨다. 당시 내 믿음으로는 나의 입에 하나님의 말씀으로 채워야 한다는 생각은 할 수도 없었고, 생각해 보지도 못한 응답을 주신 것이다. 이제 막 결혼해서 아이 둘을 낳고 겨우 20대 중반밖에 안 되었던 내가, 어떻게 주의 종이 되어 말씀을 선포하고 양들을 이끌 수 있단 말인가? 당시 나는 부끄러워 찬송도 크게 못 부르고, 사람들 앞에서 말도 제대로 못 하는, 그냥 작고 어린 새댁의 모습이었기 때문이다.

그런데 정말 환상과 성령님의 음성이 나를 떠나가지 않고 맴돌자, 나는 모세와 같이 입술이 둔한 사람이라는 핑계를 대며, 하지 못하는 이유를 계속해서 고했다. 그러던 중 하나님의 응답을 받았다. 사실 하나님의 응답이 늘 좋은 것만은 아니었다. 하나님의 응답은 여러 경로를 거치기도 하는데, 거절하시는 것도 응답이고 고난도 때로는 응답이다. 당시 주의 종이 되라는 응답도 그러했지만, 내게 가장 중요하고 시급했던 것이 남편 구원이었다.

아들이 4살 되던 해의 결단하고 금식하면서 두 아이를 업고 산에 올라 신년 기도를 하던 때, 빨리 남편이 하나님께로 나오지 않으면, 아들에게 변고가 생길 것이라는 경고가 느껴졌다. 나는 불안이 엄습했고 남편에게 빨리 돌이키지 않으면, 아들이 다칠 것이라고 이야기를 하며 읍소하였다. 그럴 때마다 남편은 아들인 경철이에게 "야, 너 빨리 죽었다고 복창해"라고 웃으며 너스레를 떨었다. 그래도 하나님의 응답을 아예 무시하지는 않았다.

잊히지 않는 5월 23일, 아들 경철이는 그날도 더덕을 미역국과 함께 주니 고기라고 좋아하며 맛있게 먹었다. 그게 내가 본 아들의 마지막 모습이었다. 경철이에게 이른 저녁을 먹여 놓고 교회로 기도를 하러 갔다. 그때 나는 하나님께 주의 종이 되는 것을 순종하기로 마음먹고 금식 기도를 하던 중이었다. 그날 저녁 교회에 올라간 지 얼마 안 되었을 무렵 남편이 피가 묻은 채로 황급히 나를 찾아왔다. 경철이에게 사고가 생겼다는 것이다. 정신없이 사거리를 지나가는 앰뷸런스에 우리 아들이 타고 있음을 확신하였다. 그리고 찾아오는 죽음의 그림자는 떨쳐버릴 수가 없었다.

그해 초에 하나님이 보여 주신 환상은 아들이 좀 다치거나 심해봤자 아플 것이라고 예감했다. 그게 죽음과 닿아 있을 것이라고는 생각도 하지 못했다. 그런데 그 앰뷸런스가 지나가는 그 순간 "아, 하나님. 아들이 죽음을 피할 수는 없겠군요."라는 생각이 스쳤다. 그리고 15일간 뺑소니 범인을 찾지 못한 채 헤매었다. 죽을 것 같은 깊은 슬픔의 소용돌이 속에서 또 한 가지, 나의 가슴을 무겁게 내리찍는 것은 사람들이 나의 신앙과 아들의 죽음을 연관 지을 수밖에 없겠다는 생각에 느낀 참담함이었다. 그리고 저들의 입에 오르내리는 내 신앙이 지켜야 했다. "기도를 그리 열심히 하는데 하나님이 살아 계시다면 아들이 왜 죽어? 자기가 목사도 전도사도 아닌데, 기도를 왜 그리 많이 하는 거야?"라고 비난하였다

나의 신앙이 잘못되어서 그 벌로 아들이 뺑소니 교통사고가 났다고, 이방인들의 핍박이 아닌 믿음의 지체들에게 받는 핍박이라 '그 말이 맞을 수도 있잖은가? 정말 내 신앙이 잘못되어서 하나님 영광을 가렸다면 난 살아갈 이유가 없다.'고 생각했다. 그래서 나는 하는 수 없이 "하나님 아시지요, 내 마음, 내 중심, 나의 삶, 내가 밤마다 주님께 매달리며 기도했던 모든 것, 하나님은 아십니다."라고 되뇌었다.

당시 나는 기껏해야 스물 몇 살이었고, 나의 하나님은 내 삶 전체를 붙들고 계셨다. 그 누가 뭐라 해도 나는 하나님을 부인할 수 없었고, 전적으로 하나님에게 매달릴 수밖에 없었다. 어떻게 그리했는지 지금

생각해도 알 수 없다. 하나님이 주시는 큰 은혜였다.

뺑소니를 잡을 수 없어 15일 동안이나 장례를 치르지 못할 때 견딜 수 없는 사람들의 오해와 수군거림 때문에 내가 믿은 복음을 가짜로 만들 수는 없었다. 그래서 더욱 종이 되기를 작정하고 금식 기도를 시작하였다. 누가 뭐라 해도 그 기도는 필요했고 그때 나는 '하나님 아시지요?'를 반복하며 하나님께 매달려 응답을 받았다. 어찌하여 아들의 장례를 치렀고, 그 뒤로 따라오는 여러 사람의 정죄, 수군거림이 아이를 잃은 아픔에 소금을 뿌렸다. 아프고 아파도 나는 살아 계신 하나님을 믿음과 내 하나님의 약속을 굳게 믿고 나아갔다.

하나님이 하시는 일을 순종하고 받아들일 수밖에 없다. 나는 하나님의 사랑에 매혹돼서 아무것도 필요치 않았다. 주님을 위해 살고 싶어 몸부림치며 살아갈 때 부어 주시는 은혜가 너무 많다는 것을 느꼈다. 그래서 이런 비참하고 말도 안 되는 일을 당해도, 사람들이 "어떻게 지금 기도를 또 하지?", "왜 저렇게 살까?" 하고 손가락질해도, 묵묵하게 하나님 앞에서 같은 말로 기도했다.

"하나님, 아시지요?"

그렇게 기도를 다시 시작하며, 말로는 다 하지 못할 하나님의 축복을 받는데 7가지 응답을 받은 것이다. 머리로는 이해할 수 없는 응답이었다. 당시 아들을 잃고 하나님이 주신 약속을 붙잡고 금식하며 기도하는 방법밖에 몰랐던 나는 이해되지 않는 말씀에, 이해되지 않는 순종을 하니, 이해할 수 없는 축복을 주셨다.

하나님의 선하심은 결코 머리로 이해할 수 없다 직접 맛보아야 알 수 있다. 기도 속에서 하나님은 아주 구체적으로 응답을 하셨다. 지금 내가 이 자리에서 돌이켜 보니 하나님은 그렇게 나를 사용하시려 아주 철저하게 계획하시고, 모든 것을 내놓은 순종의 자리로 나를 이끄셨다. 바로 당신의 뜻을 위해.

> 그러나 하나님께서 세상의 미련한 것들을 택하사
> 지혜 있는 자들을 부끄럽게 하려 하시고 세상의 약한 것들을 택하사
> 강한 것들을 부끄럽게 하려 하시며 하나님께서 세상의 천한 것들과
> 멸시 받는 것들과 없는 것들을 택하사 있는 것들을 폐하려 하시나니
> · 고린도전서 1장 27-28절 ·

하나님이 만유의 주시고, 나는 그 손에 붙들린 바 되어 그 신실하신 약속이 이루어지는 대로 살게 되었다. 하나님이 내 삶에 전적으로 개입하시고 나로 하여금 이해할 수 없는 순종을 하게 만드시어, 주의 길을 걷게 하셨다. 그리고 현시대를 살아가는 세상이 관심을 끊지 못해 안타까운 영혼들, 현실에 파도에 넘어지고 휩쓸리어 일어날 힘이 없는 영혼들, 상처투성이의 심령을 어디에도 기댈 수 없던 그런 영혼들을 위해 존재하게 만드셨다. 내게 임하신 하나님의 은혜가 그들에게 흘러갈 수 있도록.

3.
고난, 핍박으로 이룬 남편의 영접

아들을 잃고 참담함이 그지없을 때, 기도에 매달려 하나님께 받은 응답은 하나하나 지금도 너무 생생하다. 그중에 하나는 남편의 영접과 사역에 대한 비전이었다. 하나님은 내게 구체적인 응답을 통해 남편을 나의 동역자로 사용하신다고 말씀하셨다. 이 응답은 사실 아들을 잃고 가정이 위태로운 지경에서 믿을 수 없는 응답이었다. 그러나 경철이를 보낸 후 남편은 달라졌다. 말한 일이 그대로 현실이 되니 얼마나 기가 막혔을까, 믿는 나도 설마설마하며 걱정하기는 마찬가지였다. 아이에게 조금 탈이 날 것이라고 생각했지, 청천벽력과 같이 일이 생길 것이라고는 꿈에도 생각지 못한 일이었다.

그러나 지금 모든 것을 돌이켰을 때 하나님의 예비하심과 작정하심은 그렇게 무서운 것이다. 나를 주의 종으로 삼으시겠다는 것과 남편을 그 동역자로 세우겠다는 하나님의 뜻은 어떤 것으로도 가로막을 수 없고, 우리가 피한다고 피해지지도 않는 것이다. 그렇게 하나님은 철저하시다. 그리고 그 위에 모든 위로도, 회복도 갑절로 베풀어주시는 하나님이다.

아들의 죽음 이후 남편은 하나님을 영접했다. 내가 교회에 갈 때면 어김없이 따라나섰고 주님께 부르짖고, 울부짖으며 기도의 자리를 지키며 회복해 나갔다.

내가 결국 주의 종이 되어 전국으로 집회를 다니며, 복음의 전달자로 사역할 때도, 남편은 나의 발이 되어 주어 늘 운전하며 동행하였다. 남편은 나와 어디든 함께했고 주의 종의 길을 걸었다. 그리고 목사 안수를 받기에 이르렀다. 하나님의 철두철미한 인도하심이었다. 과거 남편은 세상을 좋아했었다. 나는 남편을 위한 기도에 밤을 새웠지만, 사실 마음속 깊은 곳에서는 돌덩이처럼 꼼짝도 하지 않는 남편이 밉기도 했다. 그러나 하나님은 이미 계획하셨고, 나와 우리 가정을 하나님의 사역자로 선정해 놓으셨다. 하나님이 필요하신 건 나의 간절한 기도와 울부짖음이었다. 하나님은 그렇게 우리가 하나님과 함께 동역하시기를 바라시고 기다리신다.

> 너는 내게 부르짖으라 내가 네게 응답하겠고
> 네가 알지 못하는 크고 비밀한 일을 네게 보이리라
> · 예레미야 33장 3절 ·

하나님은 내가 생각할 수 없는 놀라운 일들을 행하신다. 남편의 사역은 꿈도 꾸지 못했던 일이고, 다른 식구들도 마찬가지였지만, 처음 믿은 자로서 그저 하나님께 부르짖는 것밖에 할 줄 몰랐던 내가 온 집안을 구원으로 이끄는 마중물 된 삶을 살아갈 것이라고 생각지도 못했을 것이다. 이렇게 하나님은 나와 남편, 우리 가족을 통해, 신실하게 응답하신다는 것을 보여 주셨다.

사실 가족 구원은 정말 어려운 일이다. 특히 남편은 애증이 교차하는 지점이 수없이 많기에 더욱 어렵다. 나처럼 영혼이 뒤집히는 일들은 흔하지 않지만, 그래도 당부하고 싶은 것은 어두운 터널과 같은 곳에 있다고 할지라도, 인생의 막다른 골목에 다다라 그 탈출구가 보이지 않더라도, 내가 마주 잡을 두 손이 있다면 하나님은 서로의 연합을 기뻐하신다는 것이다. 작고 약한 것들이 다 함께 하나님의 합력 속에서 선한 것들로 바뀌어 간다. 그리하여 세상 무엇에 비할 수 없는 가치로 빛나게 된다. 그러니 아주 깊은 어둠 속에 있다면 바로 여명이 오는 것을 믿고, 그 기도의 끈을 놓지 말아야 한다. 하나님이 바로 문 밖에 서서 기다리신다.

혹 하나님의 은혜를 누리는 것과 겸손을 잃는 것 사이에서 혼란스럽다면, 그냥 감사하며 하나님만 바라보라.

하나님이 빛나게 하신다. 내가 무엇을 하지 않아도 말이다. 그 경험과 축복 속에 살아온 삶이기에 나는 꼭 말하고 싶다. 내가 아무것도 아니어도, 아무 자격이 없다 해도 하나님께서 귀하게 여기신다. 그리하여 나를, 이 책을 읽는 여러분을 지명하여 당신의 것임을 선포하시고 높은 곳에서 다니게 하실 것이다.

4.
나의 종이 되겠니?

아주 어둡고 깊은 절망 속에서 하나님은 늘 같은 말씀을 하신다. "내 딸아 나의 종이 되겠니?" 내가 금식을 하고 묵상을 하고 부르짖는 기도를 하여도, 하나님은 똑같은 일정한 톤으로 내게 다가오셨다. "나의 종이 되어라." 정말이지 이것만은 피하고 싶었다. 처음에는 "주님 제가 어떻게 해요 말도 안 돼요." 하며, 계속 피하고 피했다. 나는 노래도 못해서 찬양 인도도 못 하고, 부끄러움이 많아 남들 앞에서 말도 잘하지 못하는데, 무엇보다 나이도 아직 스물 몇밖에 안 된 애 엄마인데, 갖은 핑계란 핑계는 다 갖다 붙이고 싶었다. 정말 엄두도 안 나는 일이었다. 더구나 그 당시는 여성이 목사가 된다는 것 자체가 생소한 일이어서, 혹시라도 다른 사람들에게 하나님의 영광을 가리는 일이 될까 봐 입 밖에 꺼내놓지도 못했다. 그럼에도 불구하고 계속해서 내 입술에 말씀을 먹이시는 하나님의 환상에, 강대상이 내게 달라

붙어, 내가 사람들을 향해서 서 있는 모습 등 말로는 표현할 수 없는 응답과 환상을 보여 주셨다. 그리고 무엇보다 아들을 천국 보내고 그저 내가 하나님의 은혜를 가리고 있다는 생각으로 내 믿음이 조롱거리가 되어 하나님의 영광을 가리는 죄를 범할까 봐 숨도 제대로 못 쉬어졌다. 그때조차도 하나님은 내게 물으신다. "내 종이 되겠니? 내 딸아." 이쯤 되니 더 이상 피할 수 없다는 것을 직감했다. 모세처럼 수많은 핑계를 대다가 지쳐 있을 때 하나님은 내게 아주 구체적인 약속을 해 주셨다. 그중에는 앞 장의 내용처럼 남편의 영접과 사역에 대한 것도 있었지만, 구체적이긴 해도 현실적이지 못한 것들이 많았다. 책에서 일일이 열거한다면 누군가에게는 불편하게 다가갈 수도 있겠지만, 그럼에도 하나씩 풀어 가려는 이유는 그 하나님의 약속이 하나도 빠짐없이 완벽하게 이루어졌다는 사실이 놀라워서다. 그렇게 내가 주의 종이 되는 것은 하나님이 정하신 일이고, 더 이상 피해 갈 수 없었다. 그리고 그 약속 중 하나가 하나님을 증거하는 삶이었기에 나는 충성할 수밖에 없었다.

그렇게 하나님의 종이 되는 길을 결단하고 서원하였다. 그러자 정말 놀라운 하나님은 응답하신 약속을 하나하나 성취해 나가셨다. 그리고 그 약속은 지금도 성취 중이다.

조그만 사업을 하던 우리는 하나님이 응답 주신 대로 하나님이 앞장서서 사업을 운영하는 거처가 옮겨지고 나서 넘치도록 부어 주시는 것에 놀랄 수밖에 없었다. 그 가운데 나는 본격적인 사역과 섬김의 길로 나아갔다. 하나님의 마음이 머무는 곳으로 찾아가면 내가 할 수 있는 기도와 나눔과 섬김이 있었다.

주의 종이 되겠다고 하나님이 뜻에 순복하여 가는 길은 온전히 하나님께 맡긴 삶일 수밖에 없었고, 내게 유일한 지지기반이신 하나님은 여기서도 놀라운 일들을 행하셨다. 그리고 하나님은 약하고 힘든 자를 어떻게 사용하시는지 내 사역 기간을 통틀어서 보여 주셨다. 그렇게 하나님의 영광을 가리지 않고 발버둥 치며 30년 동안 사역을 했다. 그리고 이제 지금이 그 사역의 첫걸음을 옮기는 바로 그때이다.

하나님의 종이 된다는 것은 모든 것을 주님께 내어 맡기는 것이다. 그러나 목회의 길을 가는 교역자들이나 신앙의 깊이가 깊은 성도님들이 뜨거운 감자 같은 믿음을 가지고 있다고 하더라도 하나님께 온전하게 나의 모든 것을 내어드리는 과정은 하나님의 절대 주권을 인정하는 믿음은 참으로 어렵다. 알고 있는가? 우리 한 명 한 명은 그리스도의 몸 된 교회이다. 하나님이 거하시는 곳이며 성전이다.

> 너희 몸은 너희가 하나님께로부터 받은바
> 너희 가운데 계신 성령의 전인 줄을 알지 못하느냐
> 너희는 너희의 것이 아니라
> · 고린도전서 6장 19절 ·

그렇다면 믿는 자의 몸은 하나님의 성전이고, 그 마음은 성령이 거하는 거처이다. 그런데, 우리는 아직도 하나님께 모든 열쇠를 맡기지 못한다. 기껏해야 맡기는 것이, 내가 해결하기 힘든 세상의 일이나, 어려운 관계, 풀리지 않는 재정 같은 것일 뿐이다. 나의 뼛속 깊은 죄가 담긴 치부의 공간까지 하나님께 내어드리는 것을 주저하고 망설

인다. 성령님이 들어오실 공간을 마련하는 것, 그것이 나를 버리고 죽어가는 과정이다.

이것이 주의 종이 되어가는 과정이다. 나는 아이가 있어서 가정을 돌봐야 했지만, 나를 버리고 비우고 하나님으로 채워가는 인생을 걸어가기 시작했다. 그러나 사람은 금방 잊고 본래의 나라는 본질로 돌아가려 하는 고무줄 같은 속성을 지니고 있나 보다. 그 모든 것을 다스리시는 하나님은 나의 사역이 시작되면서 살아 역사하심을 극명하게 보여 주셨지만, 그 고난의 강도도 점점 더 높아져 갔다. 그 연단 속에서 하나님의 얼굴빛을 더 환하게 드러내기 위해서이리라.

지금도 나의 사역은 다시 새 국면을 맞을 준비를 한다. 하나님의 계획은 끝이 없기에 나는 늘 준비가 되어 있다. 그래서 하나님과 연합하는 삶을 살아 드리기로 했을 때부터 이미 나의 끝은 하나님이 여기까지라고 말씀하실 때라고 다짐했다. 그러니 아직은 더 하라고 하시는 것 같다.

주님 도와주소서.
우리가 안다고 하는 많은 지식이 얼마나 하나님과 멀어지게 하고 주님을 십자가에 못 박았는지요.

어제의 경험들로 채워진 배부름이 의에 주리고 목마르지 않으며 하나님 은혜를 갈망하지 않으며 배부른 자 같으나 주리고 주님을 아는 자 같으나 모르는 자 되어 쓰레기 같은 지식과 경험을 붙잡고 교만하고 되지 못하고 된 줄로 아는 삶을 살며 어리석고 바보 같고 사탄을 즐겁게 했는지요.

주님, 오늘도 당신의 십자가 앞에 우리의 지식을 못 박게 하소서.

주님, 우리가 안다고 옳다고 생각하여 행동하고 기준 삼아 살던 것이 얼마나 주님을 아프게 하고 우리의 인생을 힘들고 어렵게 했는지, 이 시간, 성령으로 빛 비추어 주사 우리의 실상을 깨닫고 주님 앞에 나아가게 하소서.

주님, 되지 못하고 된 줄로 아는 우리의 지식으로 얼마나 많은 이들을 아프게 했는지요.
주님, 우리에게도 바울처럼 신성한 하나님 빛 비추어 주사 우리의 지식과 경험을 배설물로 여기게 하소서.

주님, 성령으로 비추사 보게 하시어 하나님의 크신 사랑과 은혜를 풍성히 누리며 사탄의 정죄에서 자유케 하시고 주님의 사랑에 매혹되어 주님의 행복한 연인들이 되어 주의 일 하는 사역자들이 되게 하소서.

주님, 이 시간 그 크신 하나님에 사랑에 감사드립니다.
영광 받으소서.

5.
아들을 주심

　나의 기도 7가지 응답의 마지막에 아들을 주신다고 하셨다. 좋으신 나의 주님이 나와 동거함을 보여 주기 위해, 그리고 먼저 보낸 아들 때문에 실족하지 않고 더욱 믿음의 반석을 사모하며 몸부림치는 나를 위해, 그리고 무엇보다 하나님의 살아 계심을 증거 하기 위해 내게 아들을 주신다고 하셨다. 참, 너무 믿어지지 않는 약속이다. 그런데 또 나는 믿어지지 않는 순종으로 화답했다. 하나님의 응답은 너무 기뻤지만, 누구에게도 말할 수도 없었다. 지금 내가 이렇게 글로 쏟아 놓는 이유는 하나님의 아름다운 동행으로 살아 계신 증거함으로 인해 견딜 수 없기도 하지만, 이로 인해 정말 우는 자들의 위로가 되고 싶어서다.
　절대 하나님이 내게 보여 주신 일이 기적과 같은 일이라고 제한하지 않았으면 좋겠다. 신기하고 놀라운 일이지만 하나님께는 너무 쉬운 일이기도 하니까. 내가 마냥 좋아할 수 없는 이유는 그때는 지금과 같은 인구 감소의 시대가 아니어서 두 아이를 출산하면서, 아이를 더 이상 그만 낳겠다고 생각하여 수술을 받은 것이다. 그래서 하나님이 어떻게 내게 아이를 주실까 하는 생각도 들었다. 또 다른 면에서 인간적인 많은 생각이 스치고 지나가기도 했다. 그러나 하나님은 어떤 분이신가? 인간의 상상을 뛰어넘어 도무지 생각지도 못한 일을 해내시는 분이 아닌가? 83년도로 기억하는데, 그 당시 임신 복원수술이 350만 원 정도 했었다. 그 돈이면 그때의 시세로 전세방 하나를 구할 수 있는 돈이었다. 우리 형편으로는 도저히 감당할 수 없는 금액이었다. 그런데 갑자기 정부 정책으로 복원 수술을 지원해 준다는 소식이 들려왔다. 하나님의 오묘한 뜻을 정말 알다가도 모를 일이었다.

나는 수술은 언감생심 꿈도 못 꿀 처지였지만, 그래도 아들을 주신다는 하나님의 약속을 철석같이 믿고 그냥도 주실 수 있는 하나님이시기에 수술은 내가 관심을 둘 영역이 아니었다. 그런데 나라에서 그 수술을 지원을 해 준다니, 그것도 갑자기? 그래서 무조건 도전을 해 봐야겠다는 생각으로 무료 수술을 지원받기 위해 편지를 썼다. 나는 그때 안양에 살았는데, 어디로 보내야 하는지 알지도 못했고, 당시에는 지금과 같이 국가지원시스템도, 전달 체계도 제대로 갖추어지지 않았다. 지원을 받고 싶어도 몰라서 못 하는 경우가 태반이었다. 어떻게 지원을 받을 수 있는지 모르는 경우도 많았다. 그래서 무작정 편지를 쓰고 그 편지를 영등포구 보건소로 보냈다. 얼마 안 되어서 어떤 남자가 집으로 와서 나를 찾았다. 남편도 나도 깜짝 놀랐고, 무슨 일인가 했는데, 양복을 입고 공무원인 듯 보이는 그 사람이 내 편지를 영등포 보건소 마당에서 주웠는데, 보건소로 올 편지가 아니라는 거였다. 그래서 자신이 직접 적십자사에 보냈다고 그러니까 연락이 올 것이라고 했다. 그런데, 정말 연락이 왔다. 하나님이 하시면 이런 일도 생긴다. 하나님은 작정하신 일을 하고자 하실 때는 정말 너무도 쉽게 하신다. 그리고 인간이 아무리 실수해도 그 실수조차 사용하시는 하나님이시다. 그러니 내가 수술을 못 받을 이유가 하나도 없었다. 물론 현실적으로 가능했을 때 나는 아들을 잃었지만, 당시 지원자 자격이 복강경 수술 후 자녀를 다 잃어서 자녀가 한 명도 없는 가정이기에 나는 딸이 하나 있으니 지원 대상이 아니었다.

　자격 조건이 맞지 않았다, 그런데 수술을 받으라고 한다. 한 달 만에 무료 수술을 해 주겠다는 연락을 받고 의사에게 진료를 받게 되었는데, 또 우리나라에서 복원술의 일인자인 아주 최고의 의사였다. 적십자 병원장을 지내신 의사 선생님은 정말 성의 있게 수술을 해 주셨고 입원과 회복의 과정에서도 나를 극진하게 대우를 해 줄 것을 여러 사람에게 당부해 주었다. 복원술을 받고 그것도 무료로 적십자 병원에 누워 있는 환자가 그런 대접을 받을 리가 만무했던 때였다. 그런데 하나님은 그렇게 자세하시다. 세심하게 모든 것을 한 치의 어긋남 없이 그냥 대충하는 법이 없는 하나님이었다.
　나는 이렇게 꿈만 같은 과정 속에서 아들을 낳을 수 있다는 것보다 하나님이 이렇게 살아 역사하신다는 것이 너무 감격스러웠다. 지금 다시 생각해도 정말 자상하시고 놀라우신 하나님이 아닐 수 없다.

과연 내가 아들을 정말 아들을 낳았을까? 의심할 여지 없이 당연하다.

적십자 병원을 나설 때도 의사가 수술을 하더라도 임신 가능성이 낮다며 35% 정도라고 했다. 그런데 바로 다음 달에 다시 그 병원을 찾아가니 모두 깜짝 놀라는 것이다. 지난달에 수술을 받고 가임 확률이 35%밖에 안 된다는 말을 들은 내가 임신을 했으니까.

이쯤 되면 이제 태중의 아기가 아들이라는 것은 당연하게 받아들여질 것이다. 그렇다. 하나님은 바로 아들을 주셨고, 그 아들도 이제 목사가 되었다. 나는 절대 아들을 목사로 서원하지도 않았고, 또 내가 마음대로 키울 수도 없었다. 하나님이 주신 아들이니 하나님이 원하시는 대로 키워 주실 것이니까. 하나님은 당신의 종을 만드시고 하나님의 살아 계심을 확증하신다.

> 가로되 내가 모태에서 적신이 나왔사온즉
> 또한 적신이 그리로 돌아 가올찌라
> 주신 자도 여호와시요 취하신 자도 여호와시오니
> 여호와의 이름이 찬송을 받으실찌니이다 하고
> · 욥기 1장 21절 ·

이 말을 마친 욥은 하나님을 원망하지도 아니하고 오히려 찬송을 올렸다. 감히 욥과 같은 믿음에 비할 수는 없으나, 첫 아들을 잃었을 때 나의 슬픔과 연민보다는 하나님의 영광이 훼손되고 그동안 내가 매여 왔던 믿음이 왜곡 당하는 것이 더 힘들었다. 나를 향한 사람들의 손가락질과 수군거림은 참을 수 있었으나, 세상의 편협한 시선이 감히 내 하나님의 크고 위대하심을 폄하하는 것은 정말 참기 힘들었다. 그래서 더욱 밤이 새도록 기도에 매달렸고, 마치 야곱과 같이 하나님의 응답을 끈질기게 간구했다.

믿음은 머리로만, 지식으로만 아는 것이 아니라 체험을 통한 믿음이 되어야 한다.

많은 고난을 당했지만 고난은 유익이 되었다. 이로써 나는 성경에 기록되어 있는 하나님의 말씀을 그대로 믿고 순종하게 되었다. 어린아이와 같은 순전한 마음으로 말씀을 받아 하나님의 종으로서 삶의 모든 것을 내어 맡겼다. 그리고 오직 "저에게 더욱 믿음을 주옵소서"라고 가난한 마음으로 하나님께 나아갔다. 지금의 우리 그리스도인들은 그 어떤 시대보다 큰 은혜를 받은 사람들로 살아가고 있다. 가장 큰 이유는, 언제나 우리가 찾기만 하면 문밖에서 기다리고 계시는 주님을 만날 수 있기 때문이다. 성도들은 "나의 하나님 아버지"라고 부를 수 있는 특권을 받은 사람들이다. 예수님은 제자들에게 너희는 기도할 때 하나님을 "하늘에 계신 우리 아버지"라고 부르라고 하셨다. 다만 그렇게 부는 정도가 아니라, 정말 하나님의 자녀로서 권세를 주셨다.

> 영접하는 자 곧 그 이름을 믿는 자들에게는
> 하나님의 자녀가 되는 권세를 주셨으니
> 이는 혈통으로나 육정으로나 사람의 뜻으로 나지 아니하고
> 오직 하나님께로서 난 자들이니라
> · 요한복음1장 12-13절 ·

우리는 정말로 하나님의 자녀임에 의심의 여지가 없다. 믿기만 하면 전지전능하신 자녀의 권세를 주신다고 한다. 이제 고백하자! 하나님의 이름을 믿는 것은 모든 삶을 통해 하나님을 고백하는 것, 어떤 환경과 상황에 처했을 때도 주님을 인정하는 것이다. 그리하면 나머지 모든 것은 저절로 해결이 된다. 자녀 된 자들이 그 권세로 무엇을 두려워하겠는가? 모든 것을 협력하여 하나님의 선을 이루신다. 이건 우리를 선하신 길로 이끄시기 위함이다.

6.
살아 계심을 증거

 인생은 양면이 존재한다. 어떤 인생이라도 항상 밝거나 어둡기만 하지 않는다. 앞이 보이지 않는 캄캄한 밤에는 주님이 보이지 않고 외로움과 무서움에 함몰되어 간다. 인생의 위기 상황이 닥치지 아니하면 사람들은 하나님을 향한 마음이 느슨해진다, 그래서인지 하나님은 실패도 어려운 일도 겪게 하시는 것 같다. 그래서 나는 어려운 삶의 환경 가운데서 살아 계신 하나님을 실제로 만나는 경험을 하게 되는 경우들을 사역을 하면서 참 많이 봤다. 시편 23편의 말씀처럼 사망의 음침한 골짜기를 다닐지라도 주께서 나와 함께 하시고 주의 지팡이가 나를 안위하심을 보아야 한다. 믿는 사람은 폭풍 가운데 휩쓸려 풍랑과 싸우는 나의 모습을 보시고 물 위를 평안히 걸어오시는 주님께 시선을 돌려야 한다. 그런 순간이 왔을 때 나는 주님이 인생의 풍랑을 잠잠케 하실 것이고, 모든 일을 선으로 인도하실 것임을 알기 때문에 두려워하지 않게 되었다. 주의 일을 하면서도 모든 것이 평탄하지만은 않았다. 이따금 남편도, 나도 넘어졌고 나의 열심이 오히려 고난을 만들기도 했다.

갑자기 사업이 잘되어 살림이 나아졌지만, 세상일에 관심이 많던 남편이 한번 넘어지면서 어려움이 찾아왔다. 나는 아이들을 남편에게 맡기고 온몸과 마음을 다 쏟아 어렵고 약한 자들이 있는 곳을 향했다. 하나님이 내게 맡긴 사역을 높은 곳에서 빛나는 목회를 하라고 하신 것이 아니라는 것을 난 누구보다 잘 알고 있기에, 없는 곳, 어두운 곳을 향했다. 어김없이 그곳에는 하나님의 살아 계심이 증거되는 현장이 되었다.

곳곳에서 만나는 다양한 사람들의 삶의 시련은 오히려 그들의 신앙을 단련하는 훈련이 되고, 고난을 통해서 하나님의 살아 계심이 증거된다. 성령을 통해서 그동안 나와 함께 하셨던 하나님, 내 삶 가운데 살아 계신 하나님과 동행하며, 실패나 고난은 하나님께로 가까이 갈 수 있는 기회이면서 동시에 하나님의 은혜였다. 우리가 죄로 인해 겪는 것이든, 하나님의 뜻과 영광을 위해 받는 것이든 인생의 풍랑은 때때로 필요하다. 그래서 하나님이 살아 계신 것이다. 적어도 내 삶에서는 그러했다.

내가 교만을 쌓지 못하게 물질의 어려움을 주시고 체험하는 신앙을 허락하셨고, 정말 치욕감을 느낄 정도로 핍박하는 친정어머니, 시댁 식구들에게 부당함에 대해 일절 항거하지 못하게 하셨다. 아들을 잃어 참담함에 앞이 보이지 않았을 때도 하나님을 원망하게 될까 봐 두려운 마음을 먼저 주셨다.

하나님의 영광을 가리는 것 같아 아들을 천국 보낸 슬픔보다 더 마음이 아팠다. 그리고 이제 아무것도 아닌 나에게 주의 종이 되라 하시며, 아들을 주셨다. 이러한 삶의 고난을 겪으며 나는 하나님에게는 다 계획이 있으시다는 것을 깨달았다. 고난도, 축복도 하나님의 이유가 있었다. 살아 계신 하나님을 증거 하시고자 함이다

이스라엘 백성들이 애굽을 떠나 시련을 겪으면서 40년의 광야 생활을 마치고 요단강을 건너야 하는 어려운 상황에서 하나님을 경험한다. 이스라엘 백성들은 광야에서 만나를 먹고 메추라기를 먹으면서 하나님이 하시는 일들을 몸소 체험했는데도 하나님께 순종하지 못하고 우상을 섬기며 하나님을 배신하는 죄를 자주 범했다. 길게 잡아도 한 달이면 충분히 횡단할 수 있었던 그 광야의 여정을 그렇게 오래 끌게 된 것은 아마도 하나님이 이스라엘 백성들을 영적으로 훈련시키 위해서였다.

그들의 연약한 믿음으로 40년을 힘든 환경에서 돌고 돌아야 했지만, 우여곡절 끝에는 언제나 가나안 땅이 있었다. 요단강만 건너면 가나안 땅이니, 40년간의 광야생활을 청산하고 이제 요단강을 건너 새로운 삶을 바라보게 하셨다. 아브라함 때부터 약 6백 년 동안 하나님이 계속 말씀하셨던 가나안에 대한 약속이 눈앞에 현실로 나타나고 이스라엘의 역사에 새로운 지평이 있지만, 하나님은 그들에게 믿음을 요구하셨고, 믿음으로 인해 그들은 살아 계신 하나님을 경험하게 되었다. 하나님이 그들과 함께 하신다는 믿음이 하나님의 능력을 경험하는 열쇠였던 것이다. 우리도 날마다 하나님이 함께 하신다는 믿음을 가지고 자신의 삶을 하나님의 뜻에 복종시키고, 하나님이 살아 역

사하심을 믿으며 인생의 주인이신 하나님의 말씀에 순종하면 하나님을 경험하게 될 것이라고 하신다. 나에게도 똑같이 역사하신 하나님을 고백한다. 증거하기 위한 삶으로 인도하시는 하나님이시다.

  사람들은 이 세상에 살면서 인간의 노력과 인간의 능력으로 사는 줄 착각하는 때가 있다. 나에게 부족함을 주셔서 나의 삶을 통해 살아 계신 하나님이 나라의 행정도, 자연의 섭리도 인생도 주관하심을 다시 늘 일깨워 주심에 감사한 인생을 살아왔다. 앞으로도 또 어떤 인생의 고난이 닥쳐올지라도 영의 눈을 열어주셔서 주님만을 바라보게 하시고 주님이 우리와 늘 함께 하심을 잊지 않았으면 좋겠다.

7.
소외된 이웃을 향하여

　기적과도 같이 아들을 얻고, 운영하던 사업도 정말 말할 수 없을 만큼 잘되기 시작했다. 그리고 남편이 나의 길을 인정하고 함께 기도하며, 적극적으로 돕는 배우자로 변하였다. 본격적으로 사역을 시작하면서, 아침에 나가 새벽에 들어왔다. 신학 공부는 물론이거니와 오후부터 밤늦게까지 심방을 하고, 비로소 기도를 하려고 성전에 있었다. 처음에 남편은 잘 따라 주었지만 시간이 지나면서 새벽에 들어오고 아침에 나가는 아내로 인해 그 불만이 차츰 쌓였다고 한다. 때로는 화도 나지만 약속을 했기에 차마 분한 마음을 표출하지는 못했다. 이상하게도 그럴 때마다 아들이 아팠다고 한다. 시간이 흐르고 남편이 스스로 한 고백이었다.
　아이들 밥도 어설프게 사다 먹이고, 자잘한 불만들이 쌓여, 보이지 않는 벽을 만들고 있을 때쯤, 겨우 심방이 끝나고 교회에 기도하러 가는 길에 애가 넘어져 병원 갔다는 전화가 걸려 왔다. 남편은 아무래도 먼저 간 아이로 인해 놀라움이 남다르게 컸다. 신기하게 방바닥에서 넘어졌는데 손바닥에서 피가 흐를 정도 다쳤다. 그 이후로 남편은 절대 우리의 관계에서 화를 쌓아두지 않고, 나를 도와 사역을 하는 데 충실하게 뒷받침을 해 주었다.

이런 과정을 지나면서 나는 가정과 하나님이 어렵게 주신 아이들을 돌보지 못하거나, 혹시 지나칠 수 있는 소외된 이웃이 없도록, 내 모든 에너지를 집중시켰다. 결국은 30대 중반의 나는 번아웃이 되었다. 더 이상 살아 있다고 말할 수 없는 몸이 되어 의학적으로 소생이 불가능하다는 진단을 받을 정도로 아팠다. 내가 하나님이 일에 매달리고 강박과도 같은 상태로 열심을 다한 이유는 우리의 생이 다하는 순간, "비록 연약하고 부족했지만, 후회 없이 주님을 섬겼습니다."하고 고백하기 위해서이다. "나의 모든 인생을 불태워 주님을 섬겼다."라고 말하기 위해서. 그렇지만 아직은 아니다.

나의 인생은 여기서 판가름 나는 것이 아니었다. 나의 인생은 다시 2기 사역을 준비하고 있었다. 처음에 정말 아무것도 모르고 그저 부딪치며 되는대로 섬김의 자리고 나섰던 시기, 그리고 육체의 연약함을 얻어 쓰러지기까지를 1기 사역이라고 한다면, 다시 철저히 하나님의 일으키심으로 2기 사역을 시작할 수 있었다. 다음 장에서 교회 개척에 대한 이야기를 상세하게 다룰 것이지만, 내가 2기 사역에서만 성공한 것이 진짜 성공이 아니라 3기 사역을 위한 준비라고 생각했다. 2기 사역에서 성도와의 관계, 교회의 건축과 확장, 내가 추구하는 영혼 구원의 본질이 잘 구현되었기에 3기 사역까지 바라볼 수 있는 것은 당연했다. 그리고 그 성공의 기준은 하나님께서 판단하실 것이다. 하나님께서 성공했다고 하셔야 성공이다. 그래서 하나님이 원하시는 섬김의 삶이야말로 성공하는 삶이라고 믿는다. 그래서 지금까지의 모든 사역이 하나님이 원하시는 섬김에 집중되어 있고 앞으로도 그러할 것이다.

크리스천이라면 누구나 은혜를 사모하기 마련이다. 하나님의 은혜에 대한 갈망은 곧 하나님을 향한 갈망이기 때문이다. 그러므로 은혜를 사모하지 않는 크리스천이 있다면, 신앙의 점검이 필요하다. 진실한 크리스천이 되기를 사모하는 사람들은 자신을 진실하게 만드는 힘의 근원이 은혜라는 사실을 알고, 그런 사람에게는 언제나 하나님의 은혜 없이는 단 하루도 살 수 없다는 가난한 마음이 있다.

그러나 하나님께서 은혜를 베푸신 목적은 단지 그것을 누리게 함이 아니다.

사도 바울은 은혜를 주신 것이 '다만 그를 믿는 것'을 위해서가 아니라고 한다. 하나님께서 그리스도를 통해 우리에게 은혜를 주시는 것은 우리로 하여금 단지 영적인 자기만족 이상의 더 큰 목적을 이루게 하시기 위함이다. 그것은 주님을 위한 고난도 받게 하시려는 것이다.

우리는 '고난'이라고 하면 아주 거창한 것을 주로 생각하지만, 사도 바울은 고난에 대해서 말할 때 성도 간의 교제라는 현실적인 교회 생활을 언급한다. 그러니까 우리가 받아야 할 고난은 지극히 현실적이고 실제적인 문제라는 것이다. 물론 우리를 향한 하나님의 구원 계획은 엄청나고 장엄하고 위대하지만, 그러한 위대함은 실생활의 가장 사소한 문제에서부터 하나씩 주님의 뜻을 이루어갈 때 비로소 성취되는 것이다.

예수님이 십자가에서 고난을 당하셨기 때문에 우리가 이렇게 구원을 받고 살 수 있게 된 것이다. 그러한 고난을 당하신 그리스도를 위해 우리가 당하는 고난 역시 현실 속에서 남들을 섬기다가 당하는 고난이고, 오해와 질시와 미움을 받는 고난이다.

하늘나라의 상급은 십자가를 지고 장렬하게 순교하는 사람만을 위한 것이 아니라, 일상생활 속에서 십자가를 지고 순전하게 섬기는 사람을 위한 것이다. 그러므로 오늘의 삶 속에서 안목의 정욕과 육신의 정욕 이생의 자랑과 자신의 게으름과 더불어 싸우고, 교만을 물리치고, 사랑으로 섬기며 사는 것이라고 나는 나의 삶을 통해 깊이 묵상하고 선포한다. 받은 은혜와 고난이 따라 나오는 이유는 은혜에는 반드시 소명이 포함되기 때문이다. 소명은 충성된 삶을 요구하고, 충성된 삶은 언제나 실제적인 고난을 요구하기 때문이다.

*그러므로 네가 우리 주의 증거와 또는 주를 위하여 갇힌 자 된 나를 부끄러워 말고
오직 하나님의 능력을 좇아 복음과 함께 고난을 받으라*

· 디모데후서 1장 8절 ·

하나님의 은혜를 입은 사람이 주신 소명을 따라 살려고 할 때 고난을 받게 되지만, 그것이 그 사람을 불행한 삶으로 이끄는 것이 결코 아니다. 오히려 그리스도인의 행복은 고난이 사라진 자리에 오는 것이 아니기 때문이라는 것을 나의 경험으로 알 수 있었다. 그런데 많은 사람들은 상황이 힘들기 때문에 자기 삶이 불행한 것이고, 환경이 좋아지면 행복해질 것이라고 생각한다. 그러나 인간의 행복은 결코 돈이나 안정적인 생활에만 달려 있지 않다. 열매 맺는 삶으로 나아갈 때 비로소 우리의 생명을 주관하시는 그분의 뜻을 이룰 수 있다. 성경을 보면 하나님과 동행하면서 말할 수 없는 신령한 행복을 누렸던 사람들은 모두 고난의 사람들이었다. 그들은 무거운 짐을 지고 눈물로 살

아갔지만, 하나님을 누리며 산 자신들이야말로 세상 그 어떤 사람보다 행복하다고 고백했다. 그리스도를 위해 살아가는 삶의 보람과 기쁨이 있었기 때문에, 고난으로 가득한 섬김의 삶 속에서도 진정한 행복을 누릴 수 있었던 것이다. 이처럼 은혜를 받아도 그것을 생각의 영역에만 가둔 채 실제로 하나님을 위해 순종의 삶이 없다면, 그 은혜는 곧 사라지고 만다. 은혜를 주셨으면 그 은혜를 사용하여 하나님을 위해 순종의 삶으로 나아가고자 해야 한다. 그래야 받은 은혜가 부패하거나 없어지지 않는다.

　나의 은혜 체험에 대한 간증은, 삶으로 섬기는 실천이 뒤따르고자 하는 나의 다짐과도 같은 것이다. 하늘나라에서 받는 상급은 상상 속에서 걸어간 고난의 길이 아니라, 땀과 눈물을 쏟으며 걸어간 삶에 따라 주어지는 것이기 때문일 것이다.

　은혜를 받은 영혼에게는 늘 사랑의 실천으로서의 섬김이 흘러나오게 되어 있다. 각각 자기 일을 돌볼뿐더러 또한 각각 다른 사람들의 일을 돌보아 나의 기쁨을 충만하게 하라고 하신 말씀처럼 얼마나 은혜를 많이 받느냐가 아니라, 얼마나 그 받은 은혜를 남김없이 흘려 내보내느냐에 있다. 열 가지를 받았는데 하나도 흘려보내지 않는다면 영적으로 발전이 없지만, 한 가지를 받았더라도 그것을 흘려보내면 놀라운 인생이 된다.

　예수님의 생애를 보면, 예수님은 말씀을 가르치시고, 병든 자를 고치시고, 배고픈 자를 먹이시고, 외로운 자를 위로하시고, 소외된 자들의 친구가 되어 주셨다. 십자가 사랑의 핵심은, 자기를 돌보지 않고 오히려 자기를 죽기까지 한없이 베푼 것이다. 그래서 우리가 예수님의 사랑의 성품을 경험하고 나면, 자신을 돌아볼 뿐 아니라 다른 사람들까지 돌아보고 싶은 경건한 욕구를 가지게 되는 것이다. 연약한 지체들을 돌보아주고 싶고, 그리스도의 몸 된 교회가 든든히 세워지도록 몸과 마음을 바쳐 섬기고 싶어지는 것이다.

> 하나님 아버지 앞에서 정결하고 더러움이 없는 경건은
> 곧 고아와 과부를 그 환난 중에 돌아보고
> 또 자기를 지켜 세속에 물들지 아니하는 이것이니라
> · 야고보서 1장 27절 ·

나는 깨어 예수 그리스도의 마음을 품고 눈물을 흘리며 섬기는 삶의 현장을 늘 사모해 왔다.

예수님은 우리를 위해 십자가에서 모든 것을 다 내어 주셨다. 나에게도 그러한 사랑이 있는지, 그러한 사랑으로 섬기고 있는지, 늘 되물으며 기도한다.

> 너희 안에 이 마음을 품으라
> 곧 그리스도 예수의 마음이니 그는 근본 하나님의 본체시나
> 하나님과 동등 됨을 취할 것으로 여기지 아니하시고
> 오히려 자기를 비워 종의 형체를 가져 사람들과 같이 되었고
> 사람의 모양으로 나타나셨으매
> 자기를 낮추시고 죽기까지 복종하셨으니 곧 십자가에 죽으심이라
> · 빌립보서 2장 5-8절 ·

PART 3

부스러기로 누리는 삶

1.
여선지자 드보라처럼 3기 사역을 향하여

여자는 구약 시대에 아무런 존재감조차 인정되지 않았다. 인구를 나타내는 데도 여자는 파악의 대상이 아니었다. 예수님 시대에도 오병이어의 기적 속에 보리떡과 물고기를 먹은 자를 표현할 때도 여자는 아이와 동급 수준이었고, 오천 명 속에 포함되지 않았다. 예전에 작고 약한 모습으로 하나님만을 바라며, 기도원과 교회를 오가던 나의 모습도 아마 구약 시대의 아무것도 아닌, 인구 개수에조차도 들어가지 못하던 나의 모습도 딱 그러했으리라. 그러나 그런 시대임에도 불구하고 드보라가 쓰임 받을 수 있었던 것은 전적으로 하나님의 뜻이었다. 그런 드보라와 같이 나를 사용하시는 것도 전적으로 하나님의 능력이 나타남이었다.

> 가나안의 야빈 왕은 900승의 철병거를 앞세워 20년간 이스라엘을 점령하고 학대하니 그제서야 이스라엘 자손이 여호와께 부르짖었고
> · 사사기 4장 2절 ·

이 부르짖음을 들으신 하나님께서는 에브라임의 지파 랍비돗의 아내 여선지자 드보라를 사용하신다.

> 에훗의 죽은 후에 이스라엘 자손이 또 여호와의 목전에 악을 행하매
> 여호와께서 하솔에 도읍한 가나안 왕 야빈의 손에 그들을 파셨는데
> 그 군대 장관은 이방 하로셋에 거하는 시스라요
> 야빈왕은 철병거 구백승이 있어서 이십 년 동안 이스라엘 자손을 심히 학대한고로
> 이스라엘 자손이 여호와께 부르짖었더라
> 그 때에 랍비돗의 아내 여선지 드보라가 이스라엘의 사사가 되었는데
> 그는 에브라임 산지 라마와 벧엘 사이 드보라의 종려나무 아래 거하였고
> 이스라엘 자손은 그에게 나아가 재판을 받더라
> · 사사기 4장 1-5절 ·

드보라는 하나님과 소통하는 지도자이며 예언자다. 전쟁에는 지도자의 역량이 아주 중요하다. 드보라는 하나님께서 말씀에 따라 작전 명령을 하달하는 장면이 나오는데, 여기에서 알 수 있듯이 드보라는 하나님의 명령을 받을 수 있는 지도자이며 예언자로서, 지도자로서 부족함이 전혀 없는 자이다. 특히, 적군의 군대 장관 '시스라'가 여인의 손에 죽을 것이라는 것까지 예언했고, 정말 그렇게 되었다.

또한 적을 내려다볼 수 있는 다볼산을 기지로 삼을 정도로 지략가였다. 다볼산은 납달리 지파와 스불론 지파의 경계 지점에 있어 두 지파를 모이게 하기 쉽고 평야의 북쪽에 연이어 있어서 그 일대의 평원을 내려다볼 수 있는 전략적 요충지로 하나님의 명령대로 적을 유인

하는 전략을 사용했다. 드보라는 기손 강으로 적을 이끌어 내게 하였는데, 이는 기손 강의 습지로 적의 가장 강력한 군대인 900승 철병거를 오게 하여 이들의 기동을 마비시켜 쳐부수기 위한 전략으로 해석된다. 전쟁은 적이 움직이는 것을 보고 반응하는 것이 아니라 내가 원하는 곳에서 전투를 할 수 있도록 적을 움직이게 하는 것이 승리의 요체인데 드보라는 이렇게 작전한다.

> 드보라가 보내어 아비노암의 아들 바락을 납달리 게데스에서 불러다가
> 그에게 이르되 이스라엘 하나님 여호와께서 이같이 명하지 아니하셨냐 이르시기를
> 너는 납달리 자손과 스불론 자손 일만 명을 거느리고
> 다볼산으로 가라 내가 야빈의 군대 장관 시스라와 그 병거들과
> 그 무리를 기손강으로 이끌어 네게 이르게 하고
> 그를 네 손에 붙이리라 하셨느니라
> · 사사기 4장 6-7절 ·

이렇게 뛰어난 지략을 활용하여 전쟁을 이끌 수 있었던 것은, 드보라는 철저하게 하나님의 말씀을 준행하였기 때문이었다.

여전사 드보라의 작전대로, 바락 장군은 일만 명을 데리고 다볼 산에서 대기시키고 적은 철병거를 비롯하여 온 군대를 기손 강으로 모이게 한다. 이제 때가 되니 하나님께서 앞장서서 적을 칼날로 쳐서 물리치신다. 다볼산 전쟁에서 결정적인 승리를 거둔 후 이스라엘 자손은 마침내 가나안의 야빈 왕을 완전히 물리치게 된다.

인간의 불순종과 하나님의 끝없는 자비. 정복을 통해 엄청난 하나님의

은혜를 체험했으면서도 시간이 지나면 불순종과 우상숭배에 빠지곤 한다.

사사 시대 기록을 통해 '인간이 불순종하기 쉽고, 하나님의 징계와 자비'가 계속 이어지고 있다는 것을 알 수 있다. 우리의 삶 속에서 우상 숭배는 무엇인가? 내가 하나님보다 우선을 두고 있는 것은 모두 우상이다. 그러니 언제나 깨어 하나님의 뜻을 민감하게 분별하도록 해야 할 것이다.

모든 문제는 예수님 앞에 내려놓고 하나님의 뜻에 순종하는 가운데 결정되도록 해야 한다. 자신이 결정해 놓고 이를 하나님께 이루어 달라 한다면 이것도 불순종이다. 그래서 그 시기를 놓치지 말고 늘 성령님과 교통해야 한다. 때에 따라 도우시는 하나님이시기에 여선지자 드보라와 같이 모든 것을 하나님 뜻대로 나를 쓰임 받게 하시려, 내가 가진 모든 것을 내려놓게 하신 하나님이시다.

하나님께서 가나안 족속을 완전히 몰아내지 못한 가운데 하나님께 불순종하고 있는 이스라엘 민족에게 경고하신 말씀을 잊지 말아야 한다.

> 너희는 이 땅 거민과 언약을 세우지 말며 그들의 단을 헐라 하였거늘
> 너희가 내 목소리를 청종치 아니하였도다 그리함은 어찜이뇨
> 그러므로 내가 또 말하기를 내가 그들을 너희 앞에서 쫓아내지 아니하리니
> 그들이 너희 옆구리에 가시가 될 것이며 그들의 신들이 너희에게 올무가 되리라
> 하였노라 여호와의 사자가 이스라엘 모든 자손에게 이 말씀을 이르매
> 백성이 소리를 높여 운지라
> · 사사기 2장 4절 ·

여자를 들어서 전쟁에 사용하신 하나님. 구약 시대 이스라엘에서 여자는 약하고 또 미약한 존재이다. 인구 조사에서도 조사 대상이 되지 않았다. 모든 권력은 남자들의 몫이었다. 그런데 하나님께서는 20년간 가나안 야빈 왕의 압제하에 고통받는 이스라엘 민족을 구하기 위해 여자 드보라를 지명하셨다.

여자를 지도자로 사용한 것은 드보라가 처음이자 마지막이다. 에스더가 있지만 이는 좀 다르다. 사사로서 드보라는 여자임에도 불구하고, 하나님을 경외하는 자로 인정받아 하나님의 명령을 직접 받는 위치에 서게 되었고, 하나님 명령에 순종하여 군대를 움직여 나라를 구했다.

이스라엘 후손들에게 자유로운 통행조차 두려운 공포의 시대에 드보라가 일어나 이스라엘의 어머니가 될 때까지 이스라엘의 마을들을 쥐 죽은 듯 고요했다. 이때 드보라는 아버지들이 주도하는 질서에서 절망의 상황을 딛고, 이스라엘의 크고 작은 민사적인 문제와 다툼을 해결하는 정의 실행을 위한 재판관으로, 하나님과 긴밀한 관계를 유지하는 예언자로서 살았다. 드보라는 누구도 감히 정의 수행을 위해 일어서지 않는 암흑의 상황에서 이스라엘의 어머니로 세워졌다. 진정한 시대의 어른으로 부름을 받은 것이다.

나를 목회자로 만드신 것은 하나님의 그러한 영혼 구원의 크신 계획 중 하나였으리라고 믿는다. 약한 자, 소외된 자, 정말 작은 자들의 하나님을 선포하시고, 우리가 미처 깨닫지 못한 영적인 전쟁에 민감하게 깨어 있기를 바라시기에 드보라와 같이 나를 주의 종으로 세우셨다고 나는 굳게 믿는다. 그래서 나의 발길은 언제나 어렵고, 고통

중에 있는 양들을 향하게 하셨고, 세상의 포장지로 싸여있는, 하나님이 없는 목자의 모습과는 구별되게 하셨다. 그리고 강력한 메시지로 이 시대의 하나님의 종으로서 실질적인 구원의 길을 밝히고자 나의 남은 모든 것을 다하고 싶다고 다짐하게 하셨다.

주님, 말씀하시니 감사드립니다.
주신 사명 감당하도록 은혜를 주시옵소서.
기도 불씨 운동을 하라 하시니 감당케 은혜 주시옵소서.

때와 시기를 주님께서 정하여 주시고 주님께서 시작하여 주소서.

성령님의 뜻대로 기도를 회복하고자 하는 분들,
오직 주님과 하나 되는 하늘 보좌를 뚫는 기도가 필요하신 분,
순전히 기도하고 거짓 영성이 아닌, 정말 자아가 깨지고 온전히 생수의 강 같은 기도의 폭포수를 경험하고자 사모하는 분.

온전히 주만 바라보는 분들 함께 모여서 기도합시다.
오직 사모하는 마음과 성경 하나 들고 모여서 기도합시다.

유명한 강사도, 그럴싸한 의식도 없지만, 오직 주님과 함께 성령의 임재를 간절히 기다리며 2박 3일 동안 오직 주님만 바라보고 기도에 집중하여 하나님의 음성을 듣고 영·혼·육 돌파를 바라는 하나님의 자녀들과 함께.

주님, 이 일을 명하신 분이 주님이시니 순종하겠습니다.

거짓 영성이 교만을 낳고, 본인들이 특별한 것을 아는 양 한없이 교만한 성도들을 봅니다.

종도 그리했던 시절에 나를 보게 하심 감사합니다.

주님, 말씀하시니 감사드립니다.

주님, 순종하겠습니다.

아침 금식 등 진정으로 기도 불씨 운동을 감당케 하소서.

삶에 지친 주님께서 숨겨 놓으신 이 시대 칠천을 찾아 주님 오실 길을 준비케 하소서.

왕의 도를 준비시키시라 명하신 주님, 아멘, 합니다.

종의 건강을 부탁드립니다.

주여, 사용하여 주소서.

2.
포장지만 영광이면 열매가 없다

처음 교회를 개척했을 때 지하실에서 어렵게 시작을 하고 물질이 없어도 하나님의 종으로서 없다고 하면, 하나님께 누가 될까 두려워 늘 내게 있는 것으로 섬기게 하셨다. 지금은 한 1,200평의 건물을 성전으로 사용하며 나를 온전하게 따르는 양과 같은 성도들과 행복하게 동역하고 있다. 그러나 나는 이것이 목회자로서 성공이라고 말하지는 않는다. 하나님이 함께하시며 주시기에 있는 그대로 주시는 그대로 나는 사용한다.

그 목적은 오직 하나이다. 나 같이 고통받는 자들이 좌절하지 않고 하나님께 나아올 수만 있다면, 그 완전하신 희망을 그들에게 주고 싶은 거다. 믿음의 희망을 주님만 붙잡고 말씀만 붙잡으면, 하나님의 살아 계심이 나와 같은 사람에 임하듯 분명히 그 긍휼하심이 임할 것을, 오늘도 현장에 전달되기를 바란다.

우리 성도들을 오랜 세월 보아 왔지만, 이것이 내게 정말 큰 기적이라고 유난 떨지 않는다. 하나님은 나에게 그런 포장조차 허락지 않으신다.

초기 사역부터 정말 많은 부흥회까지도 강사로 다녔지만, 부흥의 목적은 오직 영혼을 구원함에 있었다. 하나님은 다른 목적을 허락하신 적이 없으셨기에 헌금이나, 건축, 예물에 대한 것들로 부흥회 집회를 인도해 본 적도 없고, 그런 자리로의 초대는 철저하게 거절해 왔다. 하나님이 나에게 주신 위치를 지킬 때, 그에 합당한 세상의 위치를 주시기 때문이다. 그래서 어떤 자리나 세상에서의 눈에 띌 수 있는 조직에서 직함을 맡아 달라고 해도 종종 거절했다. 그리고 그런 조직을 운영해 보기도 했지만 언제나 나는 그 포장지에 하나님의 영광이 가려지는 것 같아 불편하고 싫었다.

내가 사역하는 교회는 예배 시간에 헌금 통을 치우고 철저히 내가 은혜 받고 감동되지 않는 예물은 지금도 하지 말라고 가르치고, 그렇게 사역하고 있다. 이 모든 것은 하나님이 하시는 것이다. 그래야 열매 맺는 교회, 성도의 진정한 삶이 그리스도의 형상을 만들어 갈 수 있는 것이다. 오직 성령의 열매를 위하여, 많은 그리스도인들이 성령의 열매에 대하여 알지만 삶에서 성령의 열매를 맺기는 참 힘들다. 그 이유는 성령의 열매를 맺는 것이 신앙생활에 정말 필요한 것인지 구분을 두지 않고 있기 때문인 것 같다.

물론, 성령의 열매가 구원을 위한 조건은 아니다. 그러나 이 두 가지가 결코 별개는 아니다. 성령의 열매가 구원의 조건은 아니지만, 구원의 중요한 결과가 되기 때문이다. 정말 주 예수님을 믿고 구원받은 자라면, 당연히 그 삶 속에서 성령의 열매가 증거로 나타나야 된다. 그러므로 성령의 열매를 맺든지 안 맺든지 상관이 없다고 넘어갈 문제가 아니며, 하나님의 일을 할 때에 그 열매에 집중을 하지 않으면 그냥 종교적인 행위에 그칠 수도 있기 때문에 나는 항상 내가 드러나는 것에 늘 경계를 하며 목회를 해 왔다. 자칫 긴장을 풀거나, 목회의 규모가 커지면 사역의 규모가 넓어지기 마련이다. 그렇게 될 때 사역을 넘어 사업이 되지 않게 조심해야 한다. 사업이란, 조직적인 힘이 강해질 수밖에 없고 결국 하나님의 일이 아닌 사람의 일이 되어 버리기 때문이다. 그래서 열매가 없는 겉만 포장해 놓은 사역이 되는 것이다. 그래서 나는 목회의 규모가 커지는 것보다, 정말 필요로 하는 곳에 실질적인 섬김을 하려 한다.

이것이 선한 일의 마중물이 되기 위한 나의 목회의 방향성이고, 감사하게도 우리 성도들을 이런 나를 이해하고 잘 따라와 주었다. 마지막 때 믿는 자를 보겠냐고 탄식하신 그 하나님의 음성을 조금이나 기억했으면 좋겠다.

어느 교회 부흥에 강사로 초빙 받고 이 시대에 정말 교회의 무너짐을 보았다. 교회 집회를 해 달라는 초청을 받고 기도하는데, 심각성이 영적으로 느껴지기도 했지만 하나님께서 초능력의 집회가 되리라 말씀하시여 성령의 역사가 있으리라 믿음으로 기도하면서 준비했다.

그러나 세상 욕심에 눈이 멀어 허망하게 행하는 종의 실상을 보았다. 첫날 집회에 성도 약 20여 명이 모였다. 거의 기대도, 간절함도 없는 영적 중환자들이었다. 주님! 애통함이 나왔다. 간증하라 하시여 간증하고 집회를 마무리하였다.

　주님, 교회가, 목자가 양을 사랑함도 없고, 성도들의 헌신이 한 목회자의 욕심 채우기에 급급함을 보았습니다. 그냥 눈물과 안타깝다는 마음만 있습니다.
　주여, 도우소서.
　이 시대 종들의 욕심으로 인해 어두워져 가고 있고, 성도들은 노략질을 당하고 있습니다.
　정말 정신 차리고 살아가게 하소서.

　주님, 양들을 축복하소서, 축복하소서.
　너무 안타까워 눈물만 흐릅니다.
　말을 할 수도 없고 어찌해야 합니까.
　주님, 양들을 보호해 주소서. 나 또한 정신 차리고 똑바로 주님만을 바라보며 달려가게 하소서.
　그런데 이럴 때는 어찌해야 하나요?

3.
성도들의 행복만을 기도, 헌금함을 없애고

나이 오십이 넘어 사회복지 학위를 땄다. 사실 목회가 자리 잡고, 교회 부지나 건축도 하나님의 은혜로 짓게 된 것이다. 없는 가운데 성전이 세워졌다. 정말 마음이 가난한, 긍휼하심을 받을 만한 나와 똑 닮은 성도들로 동역하면서 가장 중요시했던 사역은, 진정한 하나님이 원하시는 교회로, 어렵고 가난한 소외 계층을 최우선으로 섬기는 것이었다. 그런 약자들을 위해선, 사회적인 제도 속으로 들어가야 하나님의 복음도 전해질 것이기 때문에 4년이란 학업의 과정이 힘들어도 학위가 필요하니 취득해야만 했다. 나는 하나님의 일에 필요한 것은 무엇이든 해야 했고, 그것을 못 하는 것이 나를 힘들게 했다. 감사하게도 하나님이 그 모든 것을 허락하셨기에 가능했다.

> 인자의 온 것은 섬김을 받으려 함이 아니라 도리어 섬기려 하고
> 자기 목숨을 많은 사람의 대속물로 주려 함이니라
> · 마가복음 10장 45절 ·

 이 말씀을 내 삶으로 성취해야 했기에, 오로지 성도들의 행복과 그들의 영혼 구원만을 위해 기도했다. 지금까지 교회 건축을 몇 번이나 하면서도 한 번도 성도들에게 건축을 위한 헌금을 작정하게 한 적은 없었다. 실상 마음에서 감동되어 받은 은혜가 넘쳐서 그 마음으로 다 할 수가 없어 기꺼이 예물을 올리는 것을 기뻐 받으시는 하나님이다. 설마 당신이 주인이신 성전을 마련한다는데, '성도들의 영혼에 근심을 던지며 하실까'라는 생각 때문에 걱정하지 않았고, 그리고 무엇보다 성도들의 심령에 하나의 그늘도 드리우게 하고 싶지 않았다. 그래서 나는 헌금함도 예배시간에 다 치워 버리고, 예수님이 우리에게 하셨던 섬김의 가르침 그대로 따랐다. 그리고 초대 교회에서부터 우리는 예수님의 사역을 교회의 역할로 다하기 위해 애써왔다. 그러하기에 나의 목회의 방향성을 설명하는 것은 바로 예수님의 '디아코니아'다. 디아코니아는 헬라어로 '상에서 시종 든다'라는 뜻이다. 우리 문화도 밥 한 끼 정성스러운 마음으로 차려내어 기쁘게 대접하는 것을 최고의 대접이라 여긴다.

 이러한 '디아코니아'는 구약 성경에서는 곤경에 처한 이들, 가난하고 소외된 이들, 나그네, 고아, 과부, 레위인 등으로 하나님이 특별히 이들을 섬길 것을 강조하였다. 그리고 예수님의 사역으로서 '섬김'을

교회의 기능으로 중요하게 여기시며 여러 가지의 봉사를 권면한다. 특히 구약에서 하나님이 강조하신 고아, 과부, 나그네를 특정하여 이웃에게 찾아가는 그리스도 중심의 섬김과 봉사 실천이 중요하다. 그래서 나의 목회는 언제나 디아코니아의 목회였다. 그래서 현재까지도 지역사회에서 섬김과 봉사의 역할을 다하고자 하고 있다. 다양한 은사와 직분을 통한 섬김도 있지만, 직접적인 헌신과 구제, 사랑의 봉사 수행은 우리 교회의 가장 주된 역할이라고 할 수 있다. 이웃과 지역사회, 확대하여 지경을 넓혀야 했기에, 그리고 지역사회의 문제들에 정책적인 체계 속으로 들어가야 했기에, 사회복지사 학위가 필요했다. 오로지 예수님의 참된 봉사로 지역 공동체에 복음의 능력을 증거하고 싶었기 때문이다.

참된 디아코니아는 화합하고 치유와 회복의 역사를 통해 그리스도의 형상을 세우는 것이자 복음을 전하는 것이다. 하나님과 동역을 위해 우리에게 디아코니아의 사역과 섬김을 허락하신 것이기 때문이다.

그렇기 위해서는 나는 지역사회로 들어가야 했고, 무료 식당, 무료 밥상 푸드 뱅크 또 아주 가난한 아이들을 위한 무료 공부방을 운영했다. 나를 세우신 목적대로 쓰임 받아야 했기에, 사회복지사로서 기관 속에서 사역을 하기 위해서였다. 또한 이것이 세상에 복음 흘려보내는 궁극적인 하나님의 사명을 해내는 방법이었다.

이를 통해 이 사회의 제도 속에서 어디도 이력서 하나 제대로 내놓을 곳이 없어 오는 자들의 눈물을 닦아 주는 사람이 되어, 그들보다 더 어렵고 힘든 이들을 위해 사람을 세워가는 것이 또 다른 사역이 꿈이 되었다. 그래서 이제 교육자, 선교사를 세우는 비전으로 발전시켜 나의 3기 사역의 설계를 하고 있다.

　사회복지 체계에서 구제 사업을 하고 싶었으나, 오른손이 하는 것을 왼손이 모르게 하라는 주님이 뜻을 생각하니 하나님께서 원하시는 방법으로 하고 싶었다. 언제나 그렇듯이 나는 하나님의 뜻과 조금이라도 맞지 않으면 하지 않았다. 결국 지금은 다 손을 떼고 '무료 밥상'만 운영한다. 정말 밥 한 끼가 위로가 되는 사람들을 위해서, 그리고 그 사역의 방향을 바꾸어 선교사를 파송하여 외국에서 학교를 운영하려는 준비를 하고 있다. 아직 하나님은 나에게 더 꿈꾸게 하신다. '딸아 나를 위하여 사람을 키워주겠니?' 또 이렇게 나를 참여시키시는 하나님께 감사와 영광을 올려드린다.

4.
거룩한 바보

 칙칙칙. 압력솥 꼭지 돌아가는 소리만으로도 행복했던 때가 있었다. 열세 식구가 한집에서 살면서 지하실 예배당으로 시작하였다. 그때의 전도사님이 아직도 같이 있는데, 이제 부목사가 된 그의 사모님이 스물 한 살이었는데 벌써 쉰여덟이 되었으니 정말 가족보다 더 가까운 사이가 되었다.
 이러한 동역자들은 많지만 지면으로 다 소개할 수 없다. 하나님이 내게 주시겠다고 한 모든 것 중에서도 가장 귀한 자산이다.
 나에 대한 집착을 포기하고 내 뜻대로 하고 싶은 것을 포기하는 것은 하나님 손에 맡겨드린 자유를 다시 찾아오지 않는 것과 같다. 이것이 나의 목회의 정체성이고 이를 온 삶으로 함께 했던 나의 동역자들과 오랜 시간 변함없이 같은 가치를 지키고자 함께 살고 있는 우리는 참 거룩한 바보들이라고 할 수밖에 없다. 경쟁하고 비교하는 일에 마음을 빼앗긴 사람들은 마음에 기쁨이 없다. 다른 이들 속에 빛나는 가치를 절대 찾을 수 없기 때문이다. 그런 사람들은 계속해서 더 좋은 것만을 찾게 되고, 더 큰 기대는 깊은 불만을 낳게 된다. 세상에 대한 안타까움을 계속 마음에 두기 때문이다. 아버지의 이름이 빛나도록 사는 것은, 이 모든 것을 넘어서는 것이며, 구제와 섬김이 단지 '가여운 영혼들을 위한 것만이 아닌 나의 의지가 될 때' 하나님의 뜻을 이루는 것이기 때문이다.

영적인 삶은 오직 사랑만이 의미를 지니는 것으로, 사회적 존경, 안전, 나의 명예와 같은 낮은 차원의 욕구를 모두 내려놓게 한다. 우리는 단순함, 작음, 낮은 곳으로 내려가는 길이 얼마나 큰 사랑인지를 깨달으려 몸부림치며 살아왔다. 우리는 거룩한 바보의 길을 선택했다. 그 길은 세 가지 차원의 관계, 하나님과 나, 그리고 이웃 간의 관계에서 오로지 사랑만이 실패하지 않는 관계의 연결 고리임을 생활에서 증명해 보이는 것이다.

그러나 인간은 하나님과 나, 이웃을 버리기가 얼마나 쉬운 존재인가. 그러니 거룩한 바보로 사는 것은 그만큼이나 어렵다. 만약 우리가 이 사실을 망각한 채 살아간다면, 얼마나 비참한 생인지 모른다.

자기 생명을 사랑하는 자는 잃어버릴 것이요
이 세상에서 자기 생명을 미워하는 자는 영생하도록 보존하리라
· 요한복음 12장 25절 ·

그렇다. 거룩한 영적인 삶은 그리스도인이라면 누구나 이루고자 하는 삶의 모습인 것이다. 이는 내어주는 사랑에 목숨을 건 싸움이다. 하나님으로부터 거저 받은 것을 내어주는 삶, 예수님이 목숨을 내어주며 얻은 구원의 복음을 전파하는 삶. 그것이 바로 자기 생명을 미워하는 자이며, 거룩한 바보들이다.

자기 자신을 집착하고 있는 것을 내놓을 줄 모르는 사람, 재산과 건강과 명성 등 이것만은 절대로 내어줄 수 없다고 하는 사람은 결국 삶을 잃어버린다고 성경에 명시되어 있다. 돈, 자녀, 명예에 대한 집착은 우리를 사로잡히게 하고 노예로 만들어 버린다. 우상이 된 것이 없는지 꼭 돌아보아야 한다.

놓아버리는 사람만이 자유를 누릴 수 있다.

하나님께 집중하면 하나님은 나의 모든 것에 집중해 주신다.

하나님이 지으신 모든 것에서 아름다움을 느끼고 이것이 어디로부터 온 평안임을 알고 맛볼 수 있는 자유야 말로 하나님 나라를 누리는 사람일 것이다.

작은 것 보다 더 작음을, 약한 것 보다 더 약한 것, 낮음보다 더 낮은 것을 선택하는 기쁨은 아주 단순하다. 내가 취하는 것보다 더 좋은 것을 내어주면 된다. 그들을 사랑하면 더 좋은 것을 주고 싶지 않겠는가. 사랑하는 사람만이 온전히 하나님을 위한 하나님 나라의 백성이며 그 나라를 위한 도구로서의 삶을 소망한다. 내가 행복하기 위한 가장 순수한 계획이기 때문이다.

나와 함께 30년이 넘도록 동역한 나의 가족들은 이런 사랑을 하는 바보들이다. 앞으로 더욱 거룩한 바보로서의 삶을 기대한다.

주님, 기도합니다.
몇몇 성도들이 헌금을 드린다는 소식에 기쁨보다 마음이 아파옵니다.
주님, 어찌해야 하나요?

그 예물을 드리고 삶에 현실에서 고통받는 것을 어찌해야 하나요?
아시지요? 주님이 하세요.

그 예물 받으신 것으로 하고, 종이 감당할 수 있도록 허락하세요.
영광이란 명목에, 헌신이란 명목에 주님의 성도들이 고통받지 않게 하소서.
주님, 진실로 아름다운 공동체가 되게 하소서.
주님, 종을 사용하여 주소서.

5.
하나님 하시면 40억도 쉽다

　기도원을 시작하여 본격적인 사역의 길을 열었을 때부터 하나님의 개입은 적극적이었다. 내가 서원을 하고 주의 종이 되기로 선포하면서 받은 기도 응답 중 '성전에 대한 응답'은 정말 내게는 꿈같은 일이었다. 물론 나는 대형교회의 비전을 꿈꾸지는 않았지만, 그 응답은 참으로 놀라웠고, 하나씩 이루어 가시는 하나님의 신실하심은 항상 나의 경험치를 넘어선 기적을 행하셨다.

　그리고 하나님은 일을 참 쉽게 해내셨다. 그래서 나는 기도를 거의 노동처럼 했다. 그렇게 해야 하나님이 일하신다는 것을 알기 때문이다. 사람의 힘으로 일을 하면 어렵고 고되다. 백 번, 천 번 시행착오가 생기고 결국은 피폐함만 남는다. 그래서 교회를 건축하면 목사님들의 수명이 10년씩 줄어든다는 말이 생길 정도이다. 나는 크게 세 번의 건축을 거쳤다. 물론 준비하고 기도할 때의 과정은 정말 피가 마르게 힘들었다. 그러나 어쩔 수 없다. 하나님이 하라는 마음을 강하게 주시는 것은 피할 수 없다. 기도로 영적인 문을 열어놓으면 내가 계산하고 현실이 허락하는 것을 뛰어넘는다. 그리고 정말 마음이 요동을 쳐도 안 되는 것에는 움직일 수가 없다. 이것이 기도의 힘이다. 하나님의 능력에 철저하게 의지해 가는 것 특히 교회 건축은 정말 우리 힘으로는 어림도 없다.

사실 우리나라의 기독교는 짧은 기간 동안에 전 세계에 유래가 없을 만큼 빠른 속도로 성장하면서 정말 밤에 보이는 빨간 십자가는 외국인들이 보고 놀랄 정도라고 한다. 그만큼 교회가 많이 지어졌고 지금도 교회 건축은 항상 교인과 목사님들에게는 큰 숙제이다. 나는 많은 교회당들 중에서 교회의 본질을 잘 표현하고, 건물이 가지고 있는 기독교적인 문화를 표방하거나 아니면 목회 철학과 비전을 보여 주는 건물을 원하지는 않았다. 단지 교인이 많아지고, 이들이 성전을 내 집 같이 편안하게 드나드는 것을 꿈꿨다. 그리고 벽돌 한 장씩 쌓아 올린 성전을 생각하며 먼저 땅을 구입하려 하였다. 늘 그냥 땅을 사서 설계를 하고 건물을 쌓는 것이라고만 생각했다. 그런데 하나님은 참 창의적이시다. 건물상가에서 땅을 사서 어엿한 예배당을 하나님의 은혜로 건축하고 복지사역도 넓혀갔다. 공부방도 운영하게 되고 그러다 보니 교회를 확장해야겠다는 마음을 주실 때쯤, 어느 분의 권고로 부동산에 땅을 보러 갔는데, 그 부동산 업자가 성당을 소개해 주었다. 그런데 그 성당 관계자는 정작 팔려고 내놓은 적이 없다는 것이다. 더구나 내게 있는 것 전부가 일억 사천 정도였는데, 42억이나 하는 성당의 건물을 포함한 땅은 현실적으로 생각하면 가당치도 않았다. 그래서 제대로 된 흥정도 없이 돌아왔다. 그런데 하나님은 참 이상하게도 내 마음에 성령의 강력한 임재하심으로 인도하셨다. 그 성당 관계자가 연락이 오면 사게 해 달라는 기도를 하게 되는 것이다. 그리고 참 희한한 일이 일어났다. 성당 관계자가 연락해 온 것이다. 성당을 꼭 나에게 팔아야 되겠다는 마음이 들었다고 하여 계약을 하게 되었다. 분명 하나님의 뜻이라는 확신이 있었다. 현실의 논리는 설명할 수 없는 일이었다. 그러나 막상 현실로 돌아와 보니 40억을 해결해야 하는 상황이 되었다. 나는 지금도 그렇지만 하나님의 일로 인한 것들을 절대로 교인들에게 짐을 지우지 않는다. 나의 목회는 섬기고 나누는 것이지, 그들에게 성전과 교회의 대내외적 행사에 사업적인 어려운 부분을 나누지 않는다는 철칙을 지켜왔다. 왜냐하면 힘들고 어려운 성도들이 세상에서 지치고 피곤한데 아버지 집에서 만큼은 평안과 쉼을 누리길 바라는 어미의 마음에서 철저히 하나님과 나와의 문제였다. 물론 하나님의 약속이 성취될 것은 알고 있으나 인간적으로 그 부담감이 없었다면 거짓말일 것이다. 그러나 하나님은 내가 알고 있던 하나님보다 훨씬 창의적이고 쿨한 하나님이시다.

중도금 마련이 쉽지 않아 몇 번을 미루는 과정에서도 성당 측에 문제가 발생되어 중도금이 미뤄졌다.

그리고 융자를 받으려고 알아보니 모든 은행에서 융자가 우리가 원하는 만큼 안 된다고 해서 큰일이다 생각이 들어 간절한 기도를 하게 되었다.

그리고 새로 매입한 성당지리 인테리어를 해야겠다는 생각하고 인테리어 업자와의 만남으로 은행권 관계자를 통해 융자를 융통하는데, 그 과정 또한 흥미로웠다. 은행 융자에 대한 시스템을 알 길이 없는 나는 제 날짜에 잔금을 내지 못하면 하나님의 영광이 가려지니 그것만은 안 된다며, 은행 관계자에게 우기고 조르는 것밖에 할 수 없었는데 사실 40억이나 되는 돈을 빌리려 하는데 하루아침에 뚝딱될 리가 없다. 은행 조직 내 승인도 거쳐야 하고 실사에서도 통과되어야 하는데, 실사에서도 정말 기가 막힌 우연과 타이밍으로 일주일 만에 통과하게 되었다.

그렇게 성당 잔금 40억을 내고, 하나님이 하시면 쉬운 일이 된다는 것을 이렇게 고백하게 하셨다. 1억 4천만 원으로 40억 건물을 샀다. 그것도 580평 성당 건물을 말이다. 하나님은 이렇게 도저히 이해할 수 없는 일에 이해할 수 없는 순종을 시키신다. 나 개인의 성향으로는 절대 감행할 수 없는 일이었다. 그리고 교회 건축에서도 찾아보기 힘든 사례이다.

그리고 기적은 계속되어 감당하기 불가능할 것 같은 이자를 모두 감당하게 하셨고, 성당 특유의 비워지는 공간에 우리의 성령을 채워 가며 지하 교회에서 두 번째 성전을 건축하게 하셨다. 불가능한 상황에서 40억이 넘는 성당을 사고 지금의 건물을 구입하면서 구체적인 형체로서의 성전을 세워 갈 때 내게는 온 힘을 다 쏟아가며 기도하게 하시고 하나님은 일하심으로 응답하셨다.

새로운 사역의 비전이 생기면서 교회를 다시 이전하기로 마음을 먹었었는데, 그 이유는 '선교에 대한 소망'이 있었기 때문이었다. 사실 580평이라는 넓은 공간도 그러했지만, 나의 목회는 '비우고 나누는' 목회였기에 이를 더 실현시키기에는 약간은 아담한 규모가 좋았고 하나 더, 매월 지불하는 이자를 선교를 위한 지원금으로 사용하면 좋겠다는 마음이 들었다.

　내 3기 사역의 그림이 조금씩 그려지는 단계로 전환시키시는 듯했다.

　그렇게 지금 건물에 성전을 세웠다. 아담한 건물을 알아보던 중에 무엇보다 통일교 재단에서 입찰을 한다는 사실에 더 강하게 간구했다. 결국 하나님은 또 쉽게 해내셨다.

　이런 교회 건축에서는 원래 하나님의 전적인 개입이 없으며 교회는 혼란과 분란으로 어려움을 겪는 일이 많다. 이렇듯 우리가 가진 것은 없어도 하나님의 주권을 인정하고, 주체를 내어드리면 정말 쉽다. 어려운 것은 내 욕심과 나의 뜻을 포기할 수 없을 때 발생된다. 이러한 '가난과 겸손'은 무대책 속의 대책이며 준비한 듯 준비하지 않는 삶의 방식이다. 온전히 아버지께 맡겨진 자유는 그분의 손에 들려 도구로 사용되어질 뿐, 이루시는 것은 하나님이시다. 그렇기에 쉬운 것이다.

　삼위일체 사랑에서 나오는 아버지의 돌보심을 너무나도 잘 알기 때문에 어떠한 특권도, 권리도, 보장도 없이 살아가는 생활 방식이었다. 그랬기에 그저 주신 것이 황송하고, 내가 목회를 하기 때문에 때에 따라, 필요에 따라 과분하게 채워주심에 놀라운 감사만 있을 뿐이었다.

　모든 유혹과 죄의 근원은 내 안에 있으니, 내가 없는 것을 사랑하는 것은 삶에 있어서 정말 중요하고 큰일이다. 몸의 요구와 마음의 요구가 힘으로 상징되는 독점과 소유를 불러오고, 눈앞의 이익과 편안함과 즐거움만을 찾으려는 집착과 경쟁 속에서 자신의 목적을 달성하기 위해 상대방을 이용하려 들고 자신의 힘을 과시하여 누군가를 지배하려는 쪽으로 기울어지기 때문에 하나님 앞에 무력하고 연약한 나를 사랑하고 소중하게 여기는 겸손으로 '없음'이 주는 믿음을 가져야 한다. 하나님으로부터 시작되지 않으면 아무것도 할 수 없다는 것을 이렇게 교회를 세워 가는 과정에서도 여실히 보여 주셨다. 교회 건축은 수명을 앞당긴다고 누가 말했나. 그렇지 않다. 사랑과 희망이 정착할 땅, 내 믿음이 정착할 곳은 하나님이 하신다. 광야에서도 성막을 통해 만나주셨고, 교회의 몸 되신 예수님을 통해서도 우리 마음 안에 거하신다. 나의 몸이 거룩한 성전이라 하시니 무형의 교회를 세우는 일이 먼저일 것이다. 그리하면 이 모든 것을 더하실 테니까.

6.
성도들과 목양적인 관계의 은사

이번에 몸이 많이 아팠다. 코로나의 변이 바이러스인 오미크론이 내 몸을 힘들게 했다. 격리를 하면서 오랜만에 혼자 지내며 쉼을 갖는 것도 나쁘지는 않을 것 같았다. 그런데 우리 교인들은 나를 혼자 두는 걸 제일 싫어하는 것 같다. 코로나로 격리 중에 아무렇지도 않다고 하루에 몇 번씩 통화하는데 일부러 음식을 가지고 와서는 우리 집 앞에 두고 가기도 한다.

우리 교회의 성도들은 서로의 집에 숟가락이 몇 개인지 알 정도로 친밀한 관계를 유지한다. 개척 당시부터 우리는 그렇게 시작했다. 가진 것은 아무것도 없이 서로에 대한 사랑과 애틋함이 전부였다. 교회를 확장하면서 현장 봉사를 계속하여 교회는 성장하고 성도수는 증가하고 그렇게 해서 연합하고 교제하며 제자들을 훈련시켰다.

나의 목양관은 선생이 아니라 어미의 마음이다. 사랑으로 허기져서 지친 자녀에게 사랑의 한 끼 식사를 먹이며 흐뭇해하는 어미의 마음에서 시작한다. 나의 목회의 기반은 함께 세워진 동역자들과 함께 성도와의 특별한 목양적인 관계를 형성하고 유지하면서 만들어진 것이다.

> 잘 다스리는 장로들을 배나 존경할 자로 알되
> 말씀과 가르침에 수고하는 이들을 더할 것이니라
> · 디모데전서 5장 17절 ·

> 그가 혹은 사도로, 혹은 선지자로, 혹은 복음 전하는 자로,
> 혹은 목사와 교사로 주셨으니
> · 에베소서 4장 13절 ·

성경에서 목사는 양의 꼴을 먹이는 일 즉, 성도의 어려운 문제들을 기도와 현실적 도움으로 섬기는 일을 한다. 오늘날의 목사는 목양뿐 아니라 본문의 사도, 선지자, 복음 전하는 자, 교사의 역할까지 다 감당해야 하지만, 나는 이 목양적인 관계에 더 중점을 두고 성도들에게 다가가려고 한다. 그리고 그들을 내가 하나님 한 분으로 만족하며 신령한 행복을 누리며 모든 좋은것을 은사로 주시며 이 땅에서 하나님의 증인으로서 나와 같이 세우는 것으로 비전을 제시하고자 한다. 물론 목회자로서가 아닌 아무것도 없던 자였던 나의 모습으로 그들이 외로움과 어려움을 깊이 공감하며 일으켜 세운다면, 나의 목회의 지경을 더욱 확장하여 더 많은 소외 계층을 품을 수 있을 것이다. 그래서 언제나 함께 밥을 먹으며 교제를 하고 깊은 곳까지 내려가 그들을

하나님의 빛으로 인도하려 한다.

교회가 행할 일을 크게 예배, 교육, 교제, 봉사, 선교 다섯 가지로 분류하는데, 그 모든 일을 총괄해서 지도하는 것이 담임 목사로서의 임무이다. 지금은 담임 목사의 역할을 이양하고, 나의 중심 목회에만 집중하며 앞으로 선교와 교육의 사역을 계획하고 있지만 성도들과의 목양적인 관계를 늘 유지하려고 한다.

어쨌든 모든 목회자들은 두 가지 의미의 목양에 평생을 헌신 충성해야 하므로, 자신의 현실적 유익과 자기 이름을 높이려는 욕심을 완전히 버려야 그것이 가능하다. 초대 교회의 사도와 같이 영혼구원과 사랑하는 일에 목숨을 걸어야 한다. 예수님의 십자가 복음으로 미혹된 영혼을 구원의 은혜 안으로 초대하고, 그 은혜 안에 들어온 양 떼를 자신의 모든 것을 희생하면서 주님의 사랑으로 섬겨야 한다. 그러지 못하는 목자들은 하나님으로부터 맨 먼저 엄격한 책임 추궁을 당할 것이다. 예수님이 바리새인들만 저주 정죄한 이유가 여기에 있기에 늘 양들로 필요를 살펴야 하며 그들을 영과 육으로 살찌우게 해야 하는 의무를 게을리할 수가 없다. 그래서 언제나 그들의 필요를 살피는 일이 먼저여야 한다. 예수님이 우리에게 하셨듯이 아이를 낳은 산모의 집에 부족함이 없는지, 혼자 계신 어르신들의 건강은 어떤지, 지역 사회의 노숙자들 중 끼니를 거르는 사람은 없는지, 성도들과 함께 살피고 직접 채워주는 것이 우리의 책임이다.

오늘날의 교회도 초대 교회처럼 그렇게 말씀에 바로 서고 진정으로 헌신된 일반 신자들을 영적 지도자로 세워야 하며 목양에 적극 참여시켜 그 관계를 끈끈하게 이어가야 한다. 언제나 이것이 중요하다.

그래서인지 우리 교회의 성도들은 도시락 사업에 제일 앞장선다. 누구라고 할 것 없이 전날 도시락을 신청하면 바로 만들어 배달한다.

조금이라도 더 따뜻한 식사를 전달하고 싶어서다. 우리 성도들은 모두 이 일을 가장 기쁘게 생각한다. 우리 교회 목양이 처음부터 그렇게 시작했기 때문일 것이다. 그래서 성도들의 눈빛이 참 선하다. 처음 교회의 문을 열고 들어왔을 땐 한껏 움츠린 몸에 불신의 눈빛을 가득 담고, 정말 이곳에서 나의 구원을 책임질 수 있을지 확신이 없는 채 드나들며 회복을 시작했던 사람들이었다. 그러나 이제는 그들 모두 평안과 기쁨의 심령으로 지난날 자신과 같은 자들을 위해 나눔을 고민하고, 성도 간의 식사 교제를 위해 각자의 자리에서 섬기며 그리스도 안에서 열매 맺는 삶으로 서로를 격려한다.

부족한 나를 사랑으로 섬겨주는 우리 성도들을 내 마음속 깊이 존경하고 사랑하는 것이 하나님이 내게 주신 진정한 목양적인 은사이다.

아들이 목사 안수를 받던 날 성도들에게.

동역자 되어 여기까지 함께 달려와 주신 여러분, 감사합니다.
때론 지쳐서 방성대곡할 때 캄캄한 사막을 가는 나그네 같다고 생각이 들었지만, 여러분은 하늘의 별빛이었으며 목마른 사람에게 오아시스 같은 위로자와 격려자가 되어 주셨습니다.

감사합니다.
종이 힘들어 울 때 함께 울어 주고 지칠 때 손을 내주었던 여러분.

철없는 자식이 먹지 못해 파리해진 어미의 젖을 먹다가 나오지 않는 젖을 물고 놓지 않아서 상처가 나 흐르는 피를 젖인 양 빨아대며 먹는 것을 보던, 줄 것이 없어서 참고 안 아픈 양 젖을 물리는 어미의 마음을 알고 옆에서 소리 내어 울지 못하고 마음에 눈물을 흘리며 함께 아파해 준 동역자들, 너무 감사합니다.

여러분의 그 격려가 주님의 사랑의 통로로 쓰임 받고 싶어, 목말라 하는 종의 모습으로 때로는 더욱더 자신을 쳐 가며 아버지의 뜻을 갈망케 하는 동력이 되었습니다.

오늘 그런 가슴의 아픔들이 여러분의 사랑과 헌신으로 알알이 열매 맺어 그중에 귀한 열매가 되어 주님 손에 드려집니다.

부탁드립니다.
이 종이 여기까지 올 수 있었던 것은 주님이 앞에서 끌어 주시고, 동역자 여러분이 뒤에서 밀어 주었기에 가능했습니다. 감사합니다. 사랑합니다.

7.
하나님의 후대하심

여자가 가로되 주여 옳소이다마는
개들도 제 주인의 상에서 떨어지는 부스러기를 먹나이다 하니
· 마태복음 15장 27절 ·

예수님은 역설적으로 여인의 믿음을 칭찬하신다. 어떤 사람들은 좀 불편하게 여기는 구절이기도 하다. 그러나 나에게 있어서는 하나님이 내게 보여 주신 약속과 응답, 내 생애의 하나님의 긍휼을 정확하게 표현하는 구절이다. 감히 주인의 상에 참여할 자격도 없었던 이방 여인이었다. 그저 상처로 무너진 심령으로 하나님께 자존심을 호소하며 물질로서 하나님을 보여 주시라며 기도만큼은 당차게 했던 나에게 자녀 된 권세뿐 아니라, 하나님의 양을 먹이는 종노릇까지 하게 해 주셨다.

하나님의 자녀는 무엇을 의미하는가? 이미 모든 것을 다 가진 자이

다. 우리는 우리의 자녀에게 없는 것까지도 만들어서 주고 싶을 것이다. 그렇다면 전지전능하신 하나님께서는 우리를 자녀라고 하시는데 부스러기가 웬 말이겠는가. 나는 하나님이 앞으로 결코 먹는 것, 입는 것으로 근심하게 하지 않겠다는 응답을 받은 이후로 정말 하나님께 물질을 구해 본 적이 없다. 건물도, 땅도, 집도 생각해 본 적 없었다. 그저 잃어버린 양 찾기에만 몰두하고 있었다. 그러는 가운데 하나님은 나의 필요의 모두를 채워 주셨다. 그것도 내가 감당 못 할 정도로 흘러넘치게 부어 주셨다. 하나님의 이러한 후대하심은 목회를 하는 나에게도 성도들에게 베푸는 것만을 허용하셨다. 헌금을 부탁하거나 후원을 모집하거나 하는 인간적인 소리를 하지 않도록 나를 훈련시켜 주신 것이다. 이는 내가 극도로 하나님의 능력을 제한하는 것 같아 이를 싫어했기 때문이다. 모든 것은 하나님으로부터 오는 것이고, 하나님이 운영하시며 그렇기에 영광은 하나님만 받으시기에 합당하기 때문이다. 나는 하나님의 후대하심만으로도 차고 넘친다. 그리고 그 후대하심에 크고 놀라운 일이 숨어 있음을 안다. 부스러기. 언뜻 보면 예수님은 이 여인을 하대하신 것 같지만, 그렇지 않다. 예수님은 확인하고 싶어서였다. 자신을 향한 여인의 사랑이 얼마만큼인지 알고 싶으셔서. 사실 그 부스러기가 다름 아닌 귀하고 귀하신 예수님이시니까.

이것은 아주 특이한 이야기다. 지금까지 예수님의 행적과도 상반되는, 이해하기 힘든 말이라고 할 수 있다. 더구나 그때 예수님은 유대 땅에서 배척받고 밀려나셔서 이방 땅까지 온 처지였기에 그런 상황과도 맞지 않는 말이다. 물론 하나님의 계획이 먼저 유대인을 구원해서 그

유대인을 통해 전체를 구원하려는 것이기에 예수님이 하신 말씀은 그에 따른 원론적인 대답이라고는 할 수 있을 것이다. 그렇다고 하더라도 이 말씀은 이 여인에겐 멸시하는 말로 들렸을 것이다. 그런데도 여인은 가지 않고 다시 절하며 '주님 나를 도와주십시오.' 하고 재차 간청한다. 그러자 예수님은 한술 더 떠서 하시는 말씀이 '자녀에게 줄 떡을 개에게 던지겠느냐.' 고 말씀하셨다. 심지어는 '개'라고까지 한 것이다. 성경에서의 개는 부정한 짐승으로 묘사되는데, 유대인의 시각에서 볼 때 이방인은 개와 같다는 것이다. 그들은 이방인들을 그렇게 취급했다. 이런 유대인적인 시각을 예수님은 노골적으로 드러낸 것이다. 그래서 이 말씀은 사실 이 여자를 몹시 비하하는 말이기도 했다.

그런데도 이 여자는 '주님 그렇습니다, 그러나 개도 자기 주인의 상에서 떨어지는 부스러기를 먹습니다.'라고 말했다. 이 말은 '그렇습니다, 나는 부스러기를 먹는 개와도 같습니다.'라는 고백이다. 그렇기 때문에 자기는 그 부스러기라도 먹어야겠다는 것이다. 이것은 나의 심정이었다. 어쨌든 부스러기라도 주인의 상에 있었던 것인데, 죽고 사는 문제였기에 절박했던 것이다.

여인은 그 부스러기라도 절박했기 때문에 이 비천한 고백으로 인해서 '네 믿음이 크구나, 네 원대로 될 것이다.' 하는 예수님의 대답을 들을 수 있었다.

예수님이 그처럼 야박하게 말씀하셨던 이유는 은혜를 주시기 싫어서가 아니었고, 인간이 할 수 있는 사랑에 여인이 도전하게 하신 것이었다. 구원하기 위해서, 그래서 더 가난하게 만드시고, 더 비천하게 만드셨던 것이다.

여자 스스로 자신을 개라고 하며 간절히 구하는 은혜, 그 절대적인 가난함이 주님을 만족케 한 것이다. '당신이 나를 어떻게 말하든지 나는 당신이 절대로 필요합니다.' 이 여자의 고백은 한 사람에 대한 '자기의 죽음'이라고 할 수 있다. 주님 앞에서 자신을 아무것도 아닌 자로 인정하고 있는 것이다.

이것이 하나님을 따르는 길이다. 사람들은 하나님을 길을 알려 주시는 분으로 잘못 알고 있다. 예수님은 제자들에게 어디로 간다고 말하지 않았고, 아무런 보장도 하지 않으셨다. 제자들은 그것이 답답했던 것이다. 그래서 길을 가르쳐 달라고 했고 아버지를 보여 달라고 했다.

그래서 예수님은 '내가 길이다.'고 하시며 '나를 본 것이 아버지를 본 것이다.'라고 말씀하신 것이다. 죄 많은 곳에 은혜가 넘친다는 말이 있다. 이 말은 죄가 많아야 된다는 말이 아니고 은혜가 아니면 안 되는 자리를 말한다. 또 내가 의인을 부르러 온 것이 아니고 죄인을 부르러 왔다고 할 때, 그 죄인 역시도 은혜가 아니면 안 되는 사람을 말하는 것이다. 다시 말하면 무엇이든지 은혜로 받을 수밖에 없는 사람을 말하는 것이다. 이 사람에게는 부스러기도 은혜가 된다. 왜냐하면 하나님 은혜는 우리가 볼 때 보암직하고 먹음직하게 오는 것이 아니고, 부스러기처럼 오기 때문에 정말 배고프지 않으면, 정말 가난하지 않으면 은혜를 온전히 은혜로 받지 못하게 되는 것이다. 우리가 처음 주님 앞에 올 때에 이 여자처럼 오게 되는 것이다. 그렇지 않으면 부스러기인 예수님을 볼 수도, 먹을 수도 없기 때문이다.

교회는 바로 이러한 모습이다. 이런 갈급함이 없으면 교회 안으로 깊이 들어올 수가 없게 된다. 교회 생활 역시도 부스러기인 그리스도를 양식으로 먹는 생활이기 때문이다. 말씀을 들을 때도 우리 안에 이런 갈급함이 없으면 말씀이 들려오지를 않는다. 우리 안에 있는 갈급함에 따라 부스러기도 귀해지는 것이다.

그래서 주님은 우리에게 '자녀에게 줄 떡을 개에게 던지겠느냐?'라고 말씀하시는 것이다. 그러나 '개도 주인의 상에서 떨어지는 부스러기를 먹습니다.' 이것이 우리의 영원한 간증이 되는 것이다. 부스러기가 되어 오셔서 우리를 더욱 풍성케 하시는 예수님이라는 것을 깨닫게 되면 이러한 간증이 가능해진다. 또한 구하지도 않는 것들을 채우시는 하나님의 후대하심이 있기 때문이다. 천국의 보화를 알아본 백성에게는 이렇게 뜻하지 않는 하나님의 선물이 인생 곳곳에 놓여 있다. 그 부스러기는 정말 신기할 정도이다. 세상에 값지고 귀한 것들을 그냥 아무렇지도 않게 예측하기 어려운 지점에 툭툭 던져 놓으신다. 하나님의 밥상의 부스러기는 그런 것이다. 세상에서는 보지 못한 것, 세상이 알 수도 없는 것이다.

그래서 나는 무엇이든 감사하게 받는다. 작은 것이든, 큰 것이든, 값없는 것이든, 비싼 것이든 주님이 주시는 부스러기를 누가 감히 천대의 흔적이라고 하겠는가. 하나님의 후하심이 고스란히 우리의 삶에 적용하게 하시려고 우리를 기다리고 계신다. 우리의 허물을 친히 담당하시려고 말이다.

주님, 종을 후대하심이 두렵습니다.
아무 공로 없고 행한 것 없는 무익한 종을 이렇게 후대하시니 내 영혼이 두렵고 떨립니다.

그러나 후대하심으로 세상에 변질되지 않게 하시고, 눈먼 자 되게 마시옵소서.

험한 바다 같은 세상에 고향 집 가는 목적 잃게 마시고,

주의 길 가다가 힘들어서 시력마저 나빠져 구원 방주 놓칠까 두려우니 저를 붙잡아 주시옵소서.

8.
하나님 백성이란 금수저, 희망의 백서

　사실 금수저, 흙수저를 논한다는 것은 여러 사람을 불쾌하게 만들 수 있는 키워드이다. 하나님 나라에도 금수저가 있다는 건가? 요즘에 하도 여러 곳에서 금수저, 흙수저 하는데 교회에서까지 논할 필요는 없지 않을까? 오늘날 우리 사회가 청년 일자리를 놓고 많이들 비교하고 술렁거린다. 세상은 발전하여 더욱 복잡해졌는데 일자리는 점점 줄어들고 있는 상황이다. 또 이러한 현상은 어느 나라든 예외는 아니다. 컴퓨터 산업이 급격하게 발달하고, 교통 통신 수단이 발전하면서 인간의 노동을 기계들이 대신하는 영역 침범하여 사람의 일자리는 점점 줄어들고 있으며 물가는 높아지고 있다. 사실 이런 질적 고민의 차이는 늘 있어 왔다.
　이런 생각을 하면 나는 어느 영역에 속했는지 극명하게 보이기도 한다. 나는 누가 봐도 흙수저였다. 늘 자신감이 없었고, 사춘기 시절부터 아프셨던 아버님 때문에 집안은 항상 넉넉하지 못했고, 그로 인해 일찍부터 생활 전선에 뛰어들어 전전긍긍하며 살았으니까. 뭐 망설일 필요도 없을 것이다.

우리나라에선 부자 부모를 둔 사람에겐 금수저를 물고 태어났다고, 가난한 부모를 둔 사람에겐 흙수저를 물고 태어났다고 하는 비하적인 표현이 생겼나 보다. 젊은이가 이 땅에 발붙이고 살아가는 데 부자 부모를 두면 경제적으로는 훨씬 수월하게 살아갈 수 있을 것임은 분명하나 그렇다고 마냥 좋다고만 볼 수는 없다. 그것을 절대적인 것처럼 말하는 것 자체를 자제해야 한다. 부잣집 자녀들 또한 자신의 여건만 믿고, 자신의 가치를 찾기 위한 노력을 하지 않는다면, 그 사람 자체의 인생은 인정받을 수 없다. 그러나 이미 우리 주변에서는 이러한 일들이 비일비재하게 일어나며 특히 요즘의 젊은 세대들은 더 이해하기 힘들고 복잡한 생각들을 주장하고 표현하는 것 같다. 물론, 부모의 재력 또는 권력에 따라 장래가 결정되고 그러한 불평등이 대물림될 때 젊은 사람들에게 "수저 계급사회"가 적용될 수도 있겠지만, 이것은 그저 한 세대의 생각일 뿐이다.

이스라엘 백성들도 그러한 의미에서 이집트에서 노예 생활을 할 때 모두 흙수저 신세였다고 할 수 있다. 노예의 삶을 자녀들에게 물려줄 수밖에 없었고, 그들이 이집트에서 나올 즈음에는 그나마 흙수저 인생이 여자들에게로만 범위가 좁혀지긴 했다. 왕의 명령으로 남자 아이들이 태어나면 다 죽었기 때문에. 그러나 하나님은 영원히 흙수저가 될 운명에 있었던 이스라엘 백성들을 이끌어 내셔서 새로운 사람들로 거듭나게 하신 것이다.

어떤 사람들은 이런 수저계급을 응용하여 올림픽에서 금메달, 은메달, 동메달처럼 금수저, 은수저, 동수저라고도 말하며 북한의 김일성 가문을 우라늄수저로, 중동의 석유 부자들에게는 기름수저, 재벌들에게는 다이아몬드수저라는 말을 사용하기도 한다. 도대체 언제까지 그 수저 타령을 할 것인가?

이집트에서 살았던 이스라엘 백성들은 고달픈 노예의 삶을 살았을 뿐만 아니라 남자아이가 태어나면 죽이는 잔인한 이집트인들에게 대항할 수도 없었던, 힘없고 나약한 민족이었다. 또한, 이스라엘 백성들은 고된 노동으로 고통스러워하고 있었다. 그러나 마침내 그들이 고통으로 부르짖는 소리가 하나님께 상달되었고, 하나님께서는 이런 힘든 삶을 살았던 이스라엘 백성들을 위하여 모세를 지도자로 세우시고, 그들을 구원해 내신 것이다. 또한 노예 신분에서 자유인으로, 이집트에서 차별받던 낮은 신분에서 하나님의 백성으로 부르시고 그들을 "하나님의 성민"으로 명하셨다.

너는 여호와 네 하나님의 성민이라
네 하나님 여호와께서 지상 만민 중에서 너를 자기 기업의 백성으로 택하셨나니
· 신명기 7장 6절 ·

흙수저에서 다이아몬드수저로 급상승한 것이다. 구약 시대의 이 이스라엘 백성들은 신약 시대에 하나님께서 온 세계에서 불러내실 하나님의 백성들의 모형이기도 하다. 우리도 영원히 죄의 종으로 살다가 죽을 운명이었지만, 하나님께서 우리를 부르시어 하나님의 성민으로 삼으신 것이다.

　이집트에서 노예 생활을 하였던 이스라엘 백성들이 하나님의 백성이 되기 위한 조건은 무엇이었을까? 그들이 하나님의 백성이 되기 위해 무엇을 했었을까? 그들이 한 것은 고통 속에서 신음한 것밖에 없었다. 그 조건은 그들에게 있었던 것이 아니라 바로 그들의 조상에게 있었던 것이다. 하나님께선 이미 그들의 조상과 맺은 언약을 지키신 것이다.

> 여호와께서 다만 너희를 사랑하심을 인하여,
> 또는 너희 열조에게 하신 맹세를 지키려 하심을 인하여
> 자기의 권능의 손으로 너희를 인도하여 내시되
> 너희를 그 종 되었던 집에서 애굽 왕 바로의 손에서 속량하셨나니
> · 신명기 7장 8절 ·

　이스라엘 백성들은 성민이 될 자격이 없었지만, 그 조상과 맺은 언약 또는 맹세 때문에 성민이 된 것이다. 그렇다면, 우리는 어떻게 하나님의 백성이 된 걸까? 우리가 구원 받을 자격이 있거나 하나님께 구원을 받기 위해 무엇을 하였을까? 내가 하나님의 구원 받은 백성이 될 수 있었던 것은 바로 성부 하나님께서 성자 예수님과 맺은 언약 때문이다.

> 너희가 그 은혜를 인하여 믿음으로 말미암아 구원을 얻었나니
> 이것이 너희에게서 난 것이 아니요 하나님의 선물이라
> · 에베소서 2장 8절 ·

그 은혜의 언약은 예수님의 피로 세운 언약이다. 이스라엘 백성들은 하나님의 은혜와 그 조상들과 맺은 언약 때문에 성민이 될 수 있었다. 우리도 하나님의 은혜와 예수님과 맺은 새 언약 때문에 성민이 될 수 있었다. 예수님을 만나기 전의 바울은 하나님과 원수 된 삶을 살고 있었기에 구원 받을 수 있는 아무런 자격이 없었다. 그런데, 예수님을 만난 후 믿음으로 구원 받은 성민이 될 수 있었다.

> 그러나 나의 나 된 것은 하나님의 은혜로 된 것이니
> 내게 주신 그의 은혜가 헛되지 아니하여 내가 모든 사도보다
> 더 많이 수고하였으나 내가 아니요 오직 나와 함께하신 하나님의 은혜로라
> · 고린도전서 15장 10절 ·

이스라엘 백성이라고 해도 하나님께서 광야로 인도해 내실 때 순종하지 않고 이집트 땅에 남아 있었다면 이스라엘 백성은 끊어질 수밖에 없었을 것이다. 하나님께서 은혜로 구원을 베풀어 주셨는데도 종으로 남겠다고 하면 이집트 땅에서 종으로 살다가 죽게 되는 것이기 때문이다.

믿음은 하나님의 부르심에 순종하는 것이다. 하나님의 은혜로 거저 받은 성민의 자격에 대해 하나님께 감사하고 그 성민 된 삶을 누리면 된다. 우리 그리스도인들은 예수님의 언약을 믿음으로 이미 하나님의 백성들이 된 사람들이다. 하나님의 백성이 되기 위해 말씀에 순종하거나 얽매여 살아가는 사람들이 아니다. 이미 하나님의 백성이기에 말씀에 순종함으로 복 있는 삶을 살기 위함이다. 말씀 안에 거하며 하나님

의 은혜와 하나님의 백성 된 삶의 기쁨을 마음껏 누리기만 하면 된다.

> 큰 집에는 금과 은의 그릇이 있을 뿐 아니요
> 나무와 질그릇도 있어 귀히 쓰는 것도 있고 천히 쓰는 것도 있나니
> 그러므로 누구든지 이런 것에서 자기를 깨끗하게 하면
> 귀히 쓰는 그릇이 되어 거룩하고 주인의 쓰심에 합당하며
> 모든 선한 일에 예비함이 되리라
> · 디모데후서 2장 20-21절 ·

그릇의 의무는 값비싼 것에 있지 않고 얼마나 유용하게 쓰임을 받느냐는 것에 있다. 따라서 성경은 여러 가지의 그릇 종류가 있지만, 주인의 손이 늘 가는 그런 그릇이 되는 것이 중요하다는 것을 강조한다. 그러나 아직도 '난 금그릇이 되고 싶어.'라고 생각한다면 스스로 불행하게 만드는 함정이다. 우리는 모두 질그릇이다. 그 속에 예수님이라는 보배를 담아 그 가치가 빛나는 것이다. 그분을 닮아가려는 삶이 바로 이미 금수저를 물고 태어난 삶인 것이다. 이것을 잊지 않는다면, 세상이 주는 아파하고 안타까워하는 마음을 내려놓을 수 있다. 이미 승리로 이겨 내신 싸움을 바라보며 우리는 그분의 발자취를 따라가기만 하면 된다.

나의 삶이 그러하듯 세상의 기준으로 판단할 때 나 같은 흙수저가 어디에 있겠는가. 지금의 나는 하나님의 일에 귀하게 쓰임 받을 수 있다는 사실조차 벅차다. 금수저나 흙수저를 논하고 있을 때가 아니다. 하나님의 온전하고 선하신 뜻이 무엇인지 분별하는 것, 세상의 가치에서 자유로워지는 것이 먼저이다.

에필로그
하나님의 영광을 위하여

　나와 같은 사람도 있었다. 내가 살아온 여정을 되짚어 보면 철저하게 하나님께 매여 살아왔다. 하나님의 사랑에 붙잡히지 않았다면, 살 수 없었던 인생이었다. 가끔은 이런 생각도 해 본다. 만약, 하나님을 모르고 철저하게 세상을 향해서 살아갔다면 어땠을까? 뭐 그럭저럭 아이들과 소소하게 살 수도 있었을 것이다. 아니면 내 사업적인 기질이 발휘되어 세상에 큰소리칠 만큼 재물도 소유하고 살 수도 있었을 것이다. 그러나 그 안에 하나님이 없다면? 나는 망설임 없이 백 번이라도 이와 같은 삶을 선택할 것이다. 하나님의 사랑에 매혹된 삶. 그리고 그분의 긍휼하심이 머무는 곳에 내 거처를 정할 것이다. 주님과 동행하는 삶은 그냥 나의 삶 자체였다. 허물고 다시 세워 가기를 몇 번, 그 과정에서 주님의 놀라운 인도하심에 그저 작은 사랑의 실천으로 갚아 나갔던 것뿐이다. 온전한 사랑의 빚을 지고 사는 자로서 다시 그 사랑을 흘려보내고자 했다. 하나님만이 아실 것이다. 그러면 그만이다. 내가 알고 하나님이 알면 모든 것은 회복되어진다. 그리고 이제 하나님은 내게 다시 3기 사역을 준비하라 하신다. 캄보디아에 학교를 세울 것이다. 다음 세대, 미래 세대를 위해. 이것도 하나님께 전적으로 의지하고 나아가야 하는 일이다. 언제나 그러하듯 무엇을 해도 내가 드러나서는 안 된다. 내가 아닌 하나님으로만 하신 일들이어야 하기 때문이다. 그리고 지친 영혼들을 위해 내게 주신 것들을 헤아려 하나님이 지으신 자연을 통해 치유할 수 있는 공간으로 만들어 사역하고 싶다.

지금까지 모든 것을 이루신 하나님께 감사를 드리며 그 영광을 하나님께 올려 드린다. 그리고 이제 여기서 방점을 찍고 다른 행보의 주신 비전에 두근거리는 가슴을 안고 나아간다. 주님이 계신 또 다른 곳을 향해 갈 준비를 위해, 그동안의 나의 삶과 사역을 이렇게 정리한다. 끝이 아닌 또 다른 시작을 위해.

주님, 경건을 소유하여 거목 되어 이 시대를 휘감는 신앙으로 살게 하소서.
이 어둡고 혼란스러운 시대에 종을 사용하시렵니까.
예수님의 짐을 지기를 원합니다.
자격 없는 나를 통하여 주님의 능력 전하기 원합니다.
주님, 한 걸음 한 걸음 더딘 것 같지만 주어진 환경에 따라 살지 않고 주님의 목적을 향해 나아가렵니다.
수치와 모욕 앞에 절망하지 않게 하시고 당나귀를 타고 입성하신 주님, 제가 주님의 나귀가 되겠습니다.
제 등에 타시고 호산나 영광 받으소서.
때로는 짐이 무거워 앞이 보이지 않을 때에도 주님의 짐이기에 내려놓을 수 없었습니다.
그러나 지금은 지나고 보니 그 짐이 축복이 되어서 하나님께 영광 됨을 감사드립니다.